PERREO

CAZZU

PERREO

UNA REVOLUCIÓN

RESERVOIR NARRATIVA

Perreo
Una revolución

Primera edición: agosto, 2025

2025, Penguin Random House Grupo Editorial, S.A.
Humberto I, 555, Buenos Aires
penguinlibros.com

penguinlibros.com

ISBN: 979-8-89098-487-6

Impreso en Colombia – *Printed in Colombia*

ÍNDICE

Desde que empecé a escribir canciones he querido construir en ellas a una mujer que represente lo que no nos atrevemos a ser. La palabra tiene un peso primordial en mi vida. Creo que somos lo que decimos, eso construye nuestro universo, nuestro futuro y define quiénes somos. Uso las canciones para decirles cosas a quienes ya no puedo decírselas, para enviar mensajes a quienes nunca me atrevería a hablarles, para comunicarme con ustedes, con mi yo del pasado, del presente y del futuro. En mis canciones escribo mi realidad y la de otras. En ellas habitan mis mayores deseos, miedos y fantasías, pero siempre serán enormemente coherentes con la realidad y con lo que pienso sobre el mundo que conozco. Sé que siempre hay alguien que se siente identificado con una canción, ya sea por lo que ha vivido, por lo que le gustaría vivir o simplemente por empatía.

Mientras escribía, experimenté la ansiedad de equivocarme, de decir algo mal, de exponer ideas imperfectas que algún día pudieran llevar a que me señalen. Esto me hizo pensar que, como mujeres, a la hora de ocupar un espacio con nuestras palabras, nuestras ideas, nos persigue siempre la presión de ser perfectas. Para estar a la altura de lo que queremos decir, nuestros cuerpos deben verse perfectos, así como nuestras caras, nuestra ropa, nuestra mente, nuestras canciones, las entrevistas que damos y, cómo no, nuestros libros.

Cuando me pasaron cosas desafortunadas pero que me colocaron en la posición de la "honesta", la "virtuosa", la "íntegra", tuve miedo. ¿Qué pasa si el día de mañana cometo un error y todo este apoyo se vuelve en mi contra? También me di cuenta de que los hombres construyen poder a partir de sus victorias y de sus éxitos. Nosotras, a partir de nuestras derrotas, de lo que la vida nos obligó a soportar, incluso de ellos mismos.

Para todos estos sentimientos incómodos existen explicaciones y trato de compartir algunas en estas páginas. Para todos los miedos existe una cura y es entregarse a la tarea de hacer, hacer más allá de la inseguridad y la presión de hacerlo bien, y es lo que me trajo hasta acá, como también me trajo el atreverme a dejar de ignorar lo que podría ser y salir a averiguarlo.

LA PREGUNTA Y LA PIRUETA DE UNA ACRÓBATA

Cientos de veces vi cómo se preparan los sets antes de una entrevista. Ruedan cámaras y micrófonos hasta que me siento para hablar de un nuevo disco, un tour o una colaboración. Durante mucho tiempo, después de las risas y los halagos, apareció lo que yo llamo "la pregunta": "Cazzu, como mujer, ¿qué se siente tener éxito dentro de un género musical tan machista?". Cada vez que la escuchaba mi mente hacía la pirueta de una acróbata. Terminaba diciendo lo primero que se me venía a la cabeza para salir rápido de ahí. "Es muy satisfactorio saber que como mujeres nos estamos ganando el espacio que nos merecemos, que podemos hacer lo mismo que los hombres y, por lo tanto, podemos cantar reggaetón". Después de algunos años de trayectoria y varias experiencias, creo que descubrí algo. Por fin me acerco a una respuesta, a *mi* respuesta.

Me llevó tiempo elaborarla, pero este libro es un intento de responder a esa pregunta. Una pregunta que cada vez que escuchaba me hacía sentir abrumada. Y también molesta, muy molesta. Odio que le digan machista a mi género. Lo pensé más de una vez, porque es mi mundo, el que elegí para mi carrera y el que me da de comer. Pero después la conciencia me decía: Y sí, es machista, cómo negarlo. Entonces me prometía que solo iba a contestar focalizándome en mí y en mi música. Pero cuando se apagaban las cámaras, las luces, yo me quedaba en pausa, con el sabor amargo de no saber bien qué es lo que pensaba.

Así fue como un día, navegando por una red social me topé con el fragmento de una entrevista que le habían hecho a Noriel, un cantante puertorriqueño, colaborador de la conocida canción "Cuatro Baby's". La canción es del 2016, fue interpretada por Maluma y trajo mucha tela para cortar: se la consideró misógina. La entrevista se dio en un contexto muy puntual, era "el momento" del trap, y Noriel y esa canción, sumados a un puñado más de cantantes y temas, marcaban tendencia.

La persona que lo entrevistaba le preguntó a Noriel por el contenido misógino de las letras del trap. Apenas escuché la pregunta, me sorprendí, porque la mayoría de los entrevistadores casi nunca se atreven a incomodar a los varones cuando tienen la oportunidad de hablar con ellos. Escuchándolo me di cuenta de que, en general, las preguntas sobre machismo y género solamente se las hacen a las mujeres. Esta era una excepción. La entrevistadora le preguntó qué opinaba sobre la gente que consideraba al trap violento. Noriel contestó con una defensa, diciendo que esa gente no tenía nada que hacer de su vida. Ella insistió: "Pero ahora mismo en el mundo hay una corriente muy feminista, acá en Chile se está viviendo mucho el tema de las mujeres, por eso digo el tema de las letras". Noriel le respondió que, entonces, tampoco se podrían ver novelas porque en ellas también siempre había un hombre golpeando a una mujer. Y agregó que, al final, es uno el que puede enseñar a un hijo a que eso no se debe hacer.

Ella siguió: "¿Pero tú le dices a tu hijo que con la música esto no se hace?". Noriel respondió que su música trabaja muchos universos, y que él también hacía mucha música romántica pero que ella seguramente no había escuchado, porque si no, la entrevista tendría otro enfoque. A esta altura la incomodidad de Noriel era evidente, y mientras lo escuchaba no podía dejar de preguntarme por qué ella estaba intentando generar este clima. Su objetivo era acorralarlo y sospecho que no sabía nada sobre él, nada más que hacía trap, esa música "machista". Efectivamente, durante los días siguientes, Noriel sufrió muchas y fuertes críticas. Creo que ningún artista en su posición habría sabido bien qué argumentar. Quizás, en el fondo, ninguno de nosotros estaba seguro de que nuestra música no fuera lo que ella sugería.

Si bien las respuestas de Noriel parecían ser las de alguien que estaba siendo juzgado por algo que efectivamente sí hizo: "denigrar al género femenino", es allí donde me nació una duda, ¿realmente sus canciones eran tan violentas como para que se las comparara con golpear a una mujer?

Cuando la entrevista terminó, fui volando al chat para escribirle a Nori, con el que mantengo una amistad muy cercana desde hace varios años. Lo que más recuerdo de esa conversación es que yo deseaba que él pudiera defenderse mejor, en caso de que le volviera a pasar algo así, porque estaba convencida de que en su música no había una intención denigrante. Algo estaba mal en cuanto a la concepción de nuestro universo musical. En el fondo, yo deseaba que todos nosotros, la gran familia del trap, tuviéramos algo para decir frente a preguntas de ese tipo. Ahora era personal.

Después de aquella charla con Noriel, no estaba tranquila y me sentía muy enojada con la periodista, pero realmente mi enojo radicaba, más allá de Noriel o de cualquier otro colega del trap, en la demonización del género al que yo pertenezco y que estaba condicionado con mi propia forma de entenderlo.

Comencé a enviarle audios a Noriel en los que renegué y renegué, y mientras hablaba, empecé a darme cuenta de que estaba armando mi respuesta: "¡Machistas son ellos, que odian escuchar que una mujer quiera tener sexo y no ser una ama de casa!". Es un poco chistoso recordarme a mí misma teniendo esas verborragias locas sin una idea clara, sin poder ver desde un lugar más amplio la cuestión. Los que me conocen saben que hay ciertos temas que me movilizan y me toma una pasión que me hace soltar mil ideas, que trato de organizar en el aire mientras busco coherencia en lo que digo.

En aquel momento, empezó mi camino hacia una nueva perspectiva. Es la que me abrió las puertas a nuevos cuestionamientos sobre las desigualdades en la música urbana. Tiempo después, me encontré con este pasaje de Martín Caparrós en su libro *Ñamérica*: "¿Qué es Latinoamérica?, ¿qué es ser latinoamericano? Parece una pregunta tonta, pero yo aprendí a respetar antes que nada las preguntas tontas. Creo que cuando uno llega a la pregunta tonta es que está empezando realmente a abordar la cuestión, está acercándose a algún núcleo. Y entonces esa pregunta, aparentemente tonta, resulta central".

Me habilitó a hacerme la pregunta como nunca antes me la había hecho: "¿Es machista el reggaetón?". En apariencia, ahora tenía una pregunta tonta, y más tonto todavía el intento de encontrar una respuesta que, incluso, podría ser subjetiva, considerando que este género me abrió las puertas a mi carrera y me convirtió en una profesional de la música.

Así empecé a armar el rompecabezas. Encontré la glándula que segregaba la amargura de las muchísimas veces que contesté la pregunta: no estoy de acuerdo con la idea de que estos son géneros misóginos. Y el mayor problema era haber descubierto esto en mí, y lo consideré imperdonable. Porque, ¿cómo no iba a estar de acuerdo con que las letras de reggaetón son denigrantes y están llenas de discursos de superioridad del hombre por sobre la mujer? Yo, siendo mujer y feminista, debería ser la primera en coincidir con esto. ¿Qué estaba mal conmigo?

Seguí dándole más vueltas a esta respuesta, pensé y repasé roles, escenarios imaginarios y reales, y encontré información valiosa durante ese recorrido. En primer lugar, es innegable que como mujer que hace música en espacios donde predominan los hombres —algo que ha ido cambiado bastante en los últimos años— ser parte de la minoría se hacía sentir y mucho. En segundo lugar, habiendo sido víctima de cada una de las desventajas de haber nacido mujer en el mundo tal como lo conocemos, y habiendo intentado constantemente desafiar los cánones establecidos, jamás me atrevería a dudar de que todo aspecto de la vida funciona conforme al patriarcado. Por extensión, es obvio que ni el reggaetón, ni el trap están exentos de esta lógica, como tampoco el resto de los géneros. La realidad es que la música en su totalidad es la que no está exenta de responder al sistema patriarcal, ya sea oculto entre hermosas metáforas o siendo literalmente explícito. Y el sistema que la sostiene, si miramos bien, es donde radica el mayor grado de desigualdad. Entonces, ¿es el reggaetón el género más machista de la música latina? ¿Es más machista el reggaetón o lo es la lente con la que lo miramos?

El reggaetón es la música más escuchada desde hace varios años y atravesó todo tipo de crisis y transformaciones. La acusaron de ser satánica, misógina, de mala calidad por su "simpleza", y, desde su comienzo, anuncian su final. Pero el presagio fue errado y con el tiempo ganó terreno, hasta llevarse los primeros puestos en las listas de música latina. Incluso, cruzó las fronteras y empezó a infestar continentes de otras lenguas. Lo cierto es que el reggaetón mantiene un rasgo común y es el de un alto grado de contenido sexual en sus letras, sexo, sexo y más sexo. A esta altura me permito decir que sería injusto juzgarlo como un todo, ya que son miles los artistas que lo conforman. Están quienes hacen un reggaetón de calidad, quienes copian y pegan, quienes innovan y marcan tendencia y quienes no dan nada.

Respecto a su contenido, sabemos que históricamente, ante la mirada social, un hombre que tiene mucho sexo y, sobre todo, si es con diferentes mujeres, se gana el lugar soñado del pedestal de virilidad. Se vuelve un campeón, inspira respeto; por el contrario, la mujer que sostiene un comportamiento sexual similar al de un hombre, a la que le va bien en esto de vincularse, es vista como una puta. El problema radica en que, al convertirse en una puta, pierde su derecho a exigir respeto.

Partiendo de este precepto, que pese a su antigüedad sigue vigente y todavía forma parte del pensamiento colectivo —y muy consolidado en términos de roles de género—, ¿cómo no vamos a repudiar al reggaetón donde la mayoría de sus canciones nos hablan de una mujer que disfruta del sexo sin compromisos, donde la mujer pide que le den y le dan, y donde se la traga y le gusta? Esta mujer hace todo lo que no se puede, dice lo que no se debe y al mismo tiempo es una dama que se supone que ni debería existir.

El siguiente ejercicio, que se va a repetir varias veces a lo largo de estas páginas, es uno de mis favoritos, ya que pienso que no hay nada más simple para entender un fenómeno que ir a las fuentes. Les propongo, con este método facilísimo, que atendamos al contenido de una selección de canciones y veamos si no hay algo que tal vez interpretamos mal en ellas. Haré un análisis muy simple con un poco de comprensión lectora, de la que se aprende en la primaria, y veré qué resulta. Para eso, elegí fragmentos de canciones muy representativas de la historia del reggaetón. Y si sos fan, seguro las leerás cantando.

LA RESPUESTA

A ella le gusta la gasolina, dice Daddy y un coro de voces femeninas responde: ¡*Dame más gasolina!* Obviamente empezamos con la pieza clave de este género, de las más virales y patrimonio de la humanidad reggaetonera: la famosísima "Gasolina" del álbum *The Big Boss*. Esta canción cuenta con un recurso que era más usado en ese entonces y que ahora está en desuso: se trata de las contestaciones por parte de un coro de mujeres. Puntualmente, en esta canción, desde mi punto de vista, estas contestaciones cumplen un rol importantísimo, al diferenciar un acto sexual entre dos personas de una violación, porque explicita "el consentimiento". Aunque no sabemos a qué se refiere Daddy Yankee con "gasolina" —pongamos la mente a trabajar y que cada uno imagine lo que le parezca—, lo importante es que eso es lo que ellas quieren y piden, según se escucha en la canción: *dame más gasolina*.

Hay más, en la canción "En la cama", Nicky Jam dice: *Dime en la cama todo lo que quieras,* y Daddy Yankee más adelante agrega: A *ella le gusta que le den duro y se la coman.* Aquí, aparte de haber un acto consentido, ellos están dispuestos a hacer lo que ella quiera, buscando que la mujer experimente placer. Se sabe bien que en el común de las actividades íntimas heterosexuales siempre se ha pospuesto u omitido el placer de la mujer, incluso, hasta es posible que ella misma lo ponga en segundo lugar.

Pero mírala bien, ella es la que rompe el suelo y no le importa con quién, dicen Wisin & Yandel en "Mírala bien", que cuenta la historia de una mujer a la que muy poco le importa lo que digan de ella, y a la que nada le impide hacer lo que desea de una forma libre y desatada. *Esta noche es de travesuras,* dice Héctor el Father, y un coro de mujeres contesta: *Esta noche hazme travesuras,* en su canción "Noche de travesuras".

Lo que más me interesa destacar es que en casi todas las letras de este género existe un consentimiento explícito, tanto en los coros de estas mujeres, como en el discurso que van formando ellos, allí ellas expresan su deseo activo. Quieren que "eso" suceda, piden sexo, les gusta que les den duro y no les importa con quién se irán al final de una noche.

Vistas de este modo, estas canciones hablan de una mujer más parecida a una fantasía, a un ideal impune como el de una heroína que a un objeto a ser usado y descartado. Ojalá pudiéramos ser una de ellas, una mujer que termina la noche con quien quiere, sin tener miedo de ser descuartizada, que ejerce su derecho al sexo sin preocuparse por la condena social, y, digamos, que se comporta igual que lo haría un hombre. Hasta ahora, las mujeres que habitan en estas canciones me parecen la más seductora de las utopías.

La realidad es que el mundo funciona de manera opuesta, desde hace siglos, mucho antes de que existiera el reggaetón, al que tanto se culpa, las mujeres vivimos bajo una prohibición constante de nuestros derechos naturales que, conforme a cómo fueron naciendo los movimientos feministas, y creciendo a lo largo de la historia, se fueron recuperando, a pesar de que a veces pensamos que siempre han estado ahí. Con tan solo decir que en algunos países de Latinoamérica las mujeres tienen derecho al voto hace muy pocos años. México se convirtió en el último país en otorgar este derecho en 1955, un año después de Colombia. Apenas setenta años atrás, conseguimos un derecho esencial después de décadas de lucha, y hay procesos que llevarán más décadas aún.

Con el objetivo claro de controlar nuestras vidas y nuestros cuerpos, no sorprende que el "libertinaje" con el que se desenvuelve la mujer que protagoniza el reggaetón represente una amenaza para el orden patriarcal. Por eso nos hace tanto ruido y nos incomoda; para detener el progreso de la liberación sexual de la mujer, la manera más eficaz es infundirnos miedo. Sí, miedo. Vivimos en una cultura que limita y condiciona nuestra libertad, cuando desde pequeñas se nos enseña que somos nosotras las que debemos tomar recaudos para no ser las víctimas potenciales de una violación, abusos y violencia. Esa misma cultura nunca les dice a ellos a lo largo de sus vidas que podrían convertirse en potenciales violadores, asesinos o golpeadores, y mucho menos, les brinda herramientas para no serlo.

A nosotras nos convencen de que la manera más segura de evitar un ataque es mantenernos discretas, porque antes de preguntar quién nos violó, nos acosó y por qué lo hizo, se preguntarán qué hizo ella para ser violada o abusada, porque nuestro cuerpo pareciera no pertenecernos, solo la culpa y la responsabilidad. Hasta donde se sabe, las mujeres somos víctimas a cualquier hora del día, aunque vayamos vestidas de faldas cortas o de pantalones anchos. El extraño discurso de que, si nosotras somos más sensuales, ellos serán más incontrolables nos divide en dos grupos: nosotras, que sí pensamos y entendemos lo que nos conviene; y ellos, animales con un instinto salvaje incapaces de controlar sus impulsos sexuales. Si esto fuera cierto, todos los hombres serían potenciales violadores y asesinos y, de hecho, representarían una amenaza para ellos mismos dentro de su propio género. Pero pareciera haberse determinado que es mejor y más fácil controlar el comportamiento como mujeres, antes que trabajar en destruir estos viejos patrones de conducta patriarcal. Para dar pasos hacia las nuevas formas de vida en comunidad, deberíamos empezar por eliminar el peor mito de la historia, el que dice que los hombres tienen un "instinto" sexual, que es inherente y natural y que los condiciona en su forma de relacionarse y actuar.

Al patriarcado no le gusta el juego de igual a igual, entonces ve necesario inculcarnos, desde pequeñas, que somos frágiles damitas de cristal, siempre al borde de rompernos. Nos convencen de que la mala reputación no descansará hasta vernos resbalar y caer en la silla de la vergüenza desde la que ellos podrán mirarnos de pie.

En los cientos de notas periodísticas, "estudios" de comportamiento humano y social, y opiniones de todo tipo sobre que el reggaetón es potenciador de violencia hacia la mujer por su alto contenido sexual, en realidad se puede percibir el intento por que no se cruce la línea que deja al descubierto la verdad. Y esa verdad es que la mujer reggaetonera está tan empoderada en su sexualidad y su cuerpo, que en realidad genera un cambio de paradigma, una propuesta nueva y real sobre la mujer deseante y decidida y que destruye la fantasía de la virilidad, porque ¿cómo se puede ser un macho viril sin superioridad sexual?

El reggaetón incomoda y despierta la cólera en los más conservadores, porque propone otra mujer, una perra desinhibida que controla su cuerpo, sus decisiones y su sexualidad, que con su actitud ridiculiza cualquier opinión ofensiva en su contra. Dentro de las canciones, la mujer reggaetonera es dueña de sí misma, y lo más sorprendente, aunque un poco triste, es que no hay responsables de esta hazaña, no hay héroes ni salvadores a quienes darles las gracias, porque todo sucedió sin querer.

1

REVOLUCIÓN SIN QUERER

Dice que no se deja

¿Alguien dijo alguna vez que los opuestos se atraen? Bueno, esta es una de esas historias de dos cosas muy diferentes entre sí, pero que unidas pueden abrir puertas inesperadas. Se trata de mi encuentro con la grieta reggaetón vs. feminismo que comenzó hace mucho tiempo, alrededor de mis 20 años. Mi hermana Florencia y yo vivíamos en un departamento en Tucumán. Ella estudiaba Sonido Profesional y yo, Cine. En ese entonces, ella estaba muy involucrada en el movimiento feminista, mientras que yo lo veía como una exageración, incluso perjudicial, por simple desconocimiento. Eran tiempos en los que el feminismo empezaba a discutirse en todos los espacios, incomodaba, y el mismo movimiento sufría cambios constantes, se creaban grupos y subgrupos en los cuales cada una tenía miradas diferentes.

En casa, entre nosotras, se daba una discusión repetitiva porque yo escuchaba reggaetón, mucho reggaetón. Ella era amante del rock, del tipo que aborda historias reales y políticas. En el fondo, la inquietaba que su "hermanita" consumiera algo tan, como decirlo… polémico.

Antes de continuar me resulta totalmente indispensable tomarnos un momento para hablar de la palabra "feminismo". En cada conversación casual que escuché y escucho por ahí, las respuestas más usuales entre la gente —me refiero a las personas que lo conocen de oído— parecen recaer en dos lugares comunes.

El primero es "para mí el feminismo es...". El feminismo no es lo que signifique "para vos", esto puede servir para definir a Dios, la felicidad o el amor. Pero el feminismo se trata de un movimiento fundamentado a través de siglos, pese a sus ramificaciones, a sus cambios. Aunque cada persona que conforma el movimiento es individual y posee libertad de pensamiento, el feminismo sigue teniendo una definición y encontrarla está a 0,34 segundos de distancia (que es lo que se tarda en abrir Google). Este pequeño acto, que requiere el mínimo esfuerzo, es necesario para mantener una conversación coherente y no una de locos. La manera de definirlo apropiadamente podría contribuir no solo a erradicar la violencia de género, sino también, a la transformación del mundo.

Sin dejar de ser consciente de que lidiar con las definiciones de feminismo que aparecen en internet, y que asimismo forman y formaron parte de la lucha feminista —ya que algunas suelen ser despectivas y tergiversan el sentido del movimiento (hasta por eso nos tocó luchar)—, veamos la definición del diccionario. La RAE, que ha expresado en algún momento como contraproducente realizar cambios que dejen de contribuir al sexismo en el lenguaje (ej. decir "hombre" para mencionar a hombres y mujeres), digámoslo más fácil, que rechazó el lenguaje inclusivo (ej., "Elle"), también se ha visto obligada a reformular su definición de 'feminismo'. Ahora, por ejemplo, en el año 2024 'feminismo' significa: 1. Doctrina social favorable a la mujer, a quien concede capacidad y derechos reservados antes a los hombres. // 2. Movimiento que exige para las mujeres iguales derechos que para los hombres.

Podemos decir que resume de forma escueta la idea de feminismo y yo la completo diciendo que su objetivo es la "igualdad".

Es vital que este significado quede claro porque el común de las personas, y sobre todo de los hombres, conciben el feminismo como un movimiento que busca básicamente arruinar sus vidas y tal vez sí, pero arruinar la supremacía de los hombres por encima de las mujeres, pidiendo la igualdad, algo que debería existir sin tener que pedirlo.

El segundo lugar común, algo que escuché mucho, no solo en charlas informales sino en entrevistas, y sobre todo, dicho por algunas mujeres, es: "Yo no soy feminista, ni machista". Está claro que ser machista no es lo contrario a ser feminista. No son opuestos, y, por lo tanto, esta frase no tiene coherencia. Un binomio de opuestos pueden ser el día y la noche, el frío y el calor, lo bueno y lo malo. El feminismo no es lo opuesto al machismo, veamos su definición. Machismo: 1. m. Actitud de prepotencia de los varones respecto de las mujeres. 2. m. Forma de discriminación sexista caracterizada por la prevalencia del varón. 'En la designación de directivos de la empresa hay un claro machismo'.

El machismo trae como resultado la violencia contra la mujer, desde descalificarla por ser mujer en alguna labor, determinar para cuál actividad sí nació y para cuál no, hasta maneras más peligrosas como acosar, abusar, la violencia física, la cultura de la violación y el femicidio. El feminismo se trata de un movimiento que busca reivindicar los derechos de la mujer para crear un mundo justo y con igualdad de posibilidades entre personas de distintos géneros. En cualquier caso, una suerte de opuesto al machismo sería el hembrismo, concepción o actitud que presupone la superioridad de las mujeres respecto de los varones, y que se trata más que nada de una gran fantasía porque no ha existido jamás, o por lo menos no con éxito.

"Pero (y es sorprendente) no hay ninguna sociedad donde exista una supremacía femenina [...] jamás se ha encontrado de verdad una sociedad matriarcal en la que las mujeres sean las que tienen el poder exclusivo y dirijan la sociedad y a los hombres. No existe", escribe Maurice Godelier, antropólogo francés luego de contar una larga lista de atrocidades a las que se ha sometido a las mujeres en pueblos indígenas o en sociedades anteriores a la civilización. Aclaradas de la manera más simple que encontré, las dudas iniciales sobre qué es y para qué sirve el feminismo, y qué es y por qué es malo el machismo, continuemos.

Durante los años de convivencia con mi hermana, había una canción en particular que le ponía los pelos de punta y que yo disfrutaba con el volumen a tope. Se trataba de "Siente Remix", de J King & Maximan, Ñengo Flow, Jamsha, Arcangel, Randy, Chyno Nyno, Alexis Mr. A, De La Ghetto. Desde pequeña me gustó la música muy explícita, oscura y delictiva, un tema que aún no traté en terapia. Y esta era ¡el colmo de lo explícito!

Siente
Cómo conmigo te lo disfrutas
Échate pa'cá y no me discutas
Sí, yo sé que tú eres bien (puta)
Que tú eres bien (puta, puta)

En ese fragmento de la canción puede leerse, explícitamente, algo como: *callate y vení para acá porque sos una puta, y las putas no tienen derecho a elegir,* lo que va en contra de todo lo que anteriormente mencioné. Una canción más, como tantas otras, que estandariza las relaciones abusivas de los hombres con las mujeres. Pero, como les dije, a mí me gustaba mucho esta canción, la escuchaba a todo volumen, especialmente cuando venía la parte de Ñengo Flow, un fragmento con el que tenía una fijación:

(Sonido de teléfono marcando una llamada).

Ñengo: "Voy a llamar a esta puta a ver si lo coge".

Voz de mujer responde: "¿¡A quién carajo tú le dices puta so' pendejo!? ¡Soy una puta y qué carajo pasó!".

Ñengo: "Dice que no se deja, que ella es puta pero no pendeja...".

Me fascinaba la idea de que esa mujer que contesta el teléfono rompiera las reglas al apropiarse de la palabra "puta", y que aquello la pusiera en un lugar de poder, porque hasta ese momento, dentro de la canción, solo funcionaba como insulto o denigración. Sus palabras dejan sin réplica al que canta y eso hizo que, al momento de escucharla, se convirtiera en mi heroína. El fragmento completo de Ñengo finaliza diciendo: *Sé que andas suelta y sola, andas reventando a los hombres como revientan las pistolas*, lo que me seguía confirmando que ella era una mujer peligrosa, que sabía defenderse.

Recuerdo que hasta los años dos mil, "puta" se usaba únicamente como un insulto. Pasado un un buen tiempo, y algunos cambios en el movimiento feminista a favor de la emancipación sexual de la mujer, el término tomó un nuevo camino. Las mujeres tomamos la palabra "puta" y cambiamos su sentido, como una forma de decir que estábamos orgullosas de poder usar libremente nuestro cuerpo, pese a la opinión general. Pero para mí, la joven Cazzu que fui, ese fragmento de canción había sido un evento en sí porque, sin saberlo, me acercaba a mi manera de concebir el reggaetón, quizás hasta de justificar mi amor por él.

Años más adelante, cuando me convertí en una mujer reggaetonera y trapera que escribía sus propias canciones, dejé plasmado en mi música lo que alguna vez este fragmento de Ñengo me inspiró, ideológicamente. En la canción "Mucha data" (2019), que es el primer track de mi disco *ERROR 93*, reinventé el concepto:

¿Puta?
Puta pero no tarada

Quería decir que si te parecía mal mi forma de usar mi cuerpo, mi imagen, mi forma de hacer música y de lo que hablo, no me sentía insultada, y podías decirme "puta", pero nunca tonta. Era una declaración de principios desde Cazzu, no como Julieta, con el deseo de ser un instrumento que difundiera estas ideas, ya que tenía una voz como cantante y podía usarla para ello. Completé la idea:

Ella se pone sata si le hablo de plata y convierte en halago el insulto

Con ella quería dejar claro el significado de lo que pensaba de la canción de Ñengo y también cómo reivindicaba la palabra "puta" en mi imaginario.

El masculino prevalece

Investigando sobre los orígenes del término "puta", encontré muchos posibles. En general, lo entendemos como la abreviación de la palabra "prostituta", equivalente a "trabajadora sexual", pero en su uso diario "puta" casi nunca hace alusión a la profesión. Se trata, más bien, de un término que puede hablar de un tipo de mujer que disfruta de los placeres del sexo, por fuera de los parámetros socialmente permitidos. También sabemos que hay una distancia entre ser una "puta" y una "prostituta", aunque provengan lingüísticamente del mismo lugar, porque la segunda ha decidido capitalizar su actividad y la primera, no.

A veces el lenguaje es tan ilógico que mis neuronas colisionan y quedo recalculando... ¿Por qué el lenguaje siempre se rompe? En la Argentina, en sus orígenes, la palabra "puto" no hacía alusión a la versión masculina de "puta", sino que se refería a "homosexual" y actualmente es usado de la misma forma. Si "malo" es masculino de "mala" y "feo", el de "fea", ¿por qué puto no era de puta? Y así, podríamos replantearnos la existencia misma, pero la verdad es que existen respuestas para esto, claro. Hay mil libros de profesionales que explican con perspectiva de género cómo se dio un fenómeno así. Por ejemplo, en el libro *El síndrome de la impostora*, las autoras cuentan que según la lingüista Èliene Viennot no siempre ha prevalecido el masculino sobre el femenino: "Nuestra lengua (francesa) está totalmente preparada para expresar igualdad: desde el siglo diecisiete, los gramáticos han masculinizado deliberadamente la lengua. Han condenado los nombres femeninos e inventado reglas como 'el masculino prevalece sobre el femenino'".

El lenguaje lleva roto miles de años y no es casual, pero si el ejemplo anterior que les doy no les convence del todo, voy a acudir a uno más palpable y a la vista de todos, el que forma parte de las palabras que usamos diariamente y que algunos llaman "sexismo lingüístico". Aquí dejo algunos ejemplos:

Zorra = Puta
Zorro = Animal u hombre astuto

Perra = Puta
Perro = Animal noble. El mejor amigo del hombre

Cualquiera = Puta
Cualquier = Cosa indeterminada

Mujerzuela = Puta
Hombrezuelo = Hombre pequeño

Este pintoresco juego de pares de palabras aplica a casi todos los países de habla hispana, con el que podemos aprcciar la sorprcndcntc cantidad dc términos quc existen para insultar a una mujer a partir de su sexualidad. Otro detalle muy interesante del uso del lenguaje es que aunque exista un término para resaltar la "promiscuidad" de los hombres, no los avergüenza como a nosotras debería de avergonzarnos, sino que los enaltece. ¿Por qué?

La aceptación social de la promiscuidad, llamémosla así, en los hombres, por más alevosa que sea, siempre es aceptable. No sé quién lo inventó, ni por qué creímos que los hombres necesitan tener más sexo que nosotras, o que ellos poseían un instinto sexual animal, salvaje e incontrolable. Al final de cuentas, estas creencias y los usos del lenguaje que las acompañan solo refuerzan un discurso que busca justificar la cultura machista, desde excusarlos por sus engaños, a causa de la supuesta falta de sexo con sus parejas —con las que establecieron un acuerdo mutuo de monogamia—, hasta la violación como un acto de supremacía del macho.

En contrapartida, el lenguaje proporciona una amplia gama de formas para expresar la virilidad y exaltar la masculinidad. Si en el gimnasio levantás 1 kg, no te ves tan viril como si levantaras 30 kg, si tenés sexo con una sola mujer no te ves tan viril como si lo hicieras con 10. En muchas canciones de reggaetón la mujer pide a gritos alguien que le dé el mejor sexo de su vida, y obvio, ellos llegan al rescate con penes gigantes como troncos de árboles y la resistencia de cien caballos para darles duro hasta hacerlas vomitar su propio cerebro. Bueno, esta no es la única fantasía que se puede leer detrás de esta música.

Algo que aprendí con el reggaetón es que en varios lugares de Latinoamérica algunas cosas sí funcionan con la coherencia correspondiente y "puto" es lo mismo que "puta" en su versión masculina. Por ejemplo, en "Me reclama", de Luigi 21 Plus y Ozuna:

Yo soy su hombre, ella es mi lady
Yo soy su puto, ella es mi baby
Cuando está sola es a mí el que llama
Soy su gato favorito en la cama

En "O. Sentimientos", de Jon Z:

Me las tiro gordas, me las tiro slender
Me tiro a la doña, con ella se aprende
No sé si me entiendes, que soy un puto
Mami comprende soy un prostituto

Una vez, en casa de Ñengo, tuve una rápida pero interesante conversación con Ñejo, "el Broko". Le comenté muy por encima que estaba escribiendo, o intentando, un libro que abordara ciertas cuestiones entre machismo y reggaetón. Mencioné que iba a citar la canción "Siente Remix", y antes de que pudiera explicar cómo y para qué, me interrumpió con un: "¡Acho, qué machistas que éramos!". Ese comentario espontáneo me hizo pensar en qué tan conscientes fueron estos varones al impulsar el reggaetón. Efectivamente, por un lado replicaron la mirada machista que existe en todo lo que produce el patriarcado, pero por el otro, en los intersticios, los coros, y después, en las voces principales de cantantes reggaetoneras como la mía, se construyó un modelo de mujer libre, empoderada, que hace uso de las herramientas explícitas que da el reggaetón.

Este accidente no busca negar que muchos de estos hombres reggaetoneros fueron o son partícipes activos del sistema que oprime a la liberación femenina, y generadores de estereotipos inalcanzables de hombres y mujeres en los discursos de sus canciones, ni que desde que existen las redes sociales se ha visto a muchos de ellos expresando sus pensamientos más que agresivos contra de las mujeres. Tampoco creo que lo que cantan realmente sea lo que sienten o piensan acerca de la liberación sexual de la mujer. Lo lógico, para algunas personas que cancelan el reggaetón, es que nosotras recibamos el mensaje sexual de la música y que eso decante en un comportamiento sumiso, es decir, poniéndonos en el lugar del objeto, pero quizás no se les ocurrió pensar que somos más inteligentes que eso.

Para cerrar la anécdota con la que empecé, hoy, junto a mi hermana, disfrutamos juntas de esta música, incluso ella es DJ de este género y fundó una fiesta de reggaetón, al igual que continuamos debatiendo sobre este tipo de ideas. Sin dudas, ella ha sido una gran impulsora de muchos pensamientos, que, entre muchos otros, fueron los que me trajeron hasta este libro. También, cuando escuchamos las canciones que hacen las mujeres reggaetoneras y/o urbanas, podemos escuchar la influencia de toda esta historia de letras escritas por hombres.

Si yo fuese mujer, sería muy puta

La mayoría de las mujeres hemos escuchado a nuestros amigos varones decir alguna vez: "Si yo fuese mujer, sería muy puta". Cuando un hombre elabora esta fantasía, se olvida de un detalle indispensable, para ser una mujer, primero hay que dejar de ser un hombre, y con ello perdería todos sus privilegios masculinos. Siempre resultó utópico esperar que desde su lugar puedan interpretar lo que enfrenta una mujer cuando se habla de libertad sexual, y esta frase no hace más que confirmarlo. Si ellos mágicamente se convirtieran en mujeres por unos días, tal vez recién entonces podrían vislumbrar que ser "una puta" no sea tan divertido dentro del mundo tal como lo conocemos.

Los juicios de valor, el peso de la moral religiosa, el rechazo de una masa hipócrita y otros tipos de violencias más agudas —que muchos de ellos ejercen— son algunas de las situaciones que sufre una mujer "puta", que se aleja bastante de la fantasía que ellos proyectan. Es probable que ellos solo se imaginen ser mujer por uno o dos días, u horas, quizás porque en realidad sí son capaces de reconocer que una estadía prolongada en ese cuerpo, con el tiempo, dejará de ser divertido para convertirse en una experiencia peligrosa. Al final de cuentas, creo que en realidad sí comprenden muy bien la comodidad de haber nacido en un cuerpo de hombre.

Virginie Despentes cuenta, en uno de los capítulos de su libro *Teoría King Kong*, más específicamente en "Imposible violar a una mujer tan viciosa", que todas las películas sobre violaciones de un hombre a una mujer, o la gran mayoría, terminan con una sangrienta venganza de parte de la víctima hacia su victimario. Dice que estas películas escritas y dirigidas por hombres no son más que proyecciones de lo que ellos harían si fueran una mujer y las violaran. Pero esta fantasía se aleja bastante de la realidad, jamás vemos noticias que relaten venganzas de mujeres, ninguna termina matando de forma sangrienta a su violador, de hecho, es más probable que ellos terminen matándolas después, o incluso antes, de violarlas.

Salvando la distancia gigantesca entre violar y escribir una canción que denigre o violente a una mujer en su imaginario, esta lectura me llevó a hacerme la siguiente pregunta. Si son ellos los que escriben canciones exageradamente sexuales, que de hecho me encantan, en las que la protagonista siempre es una mujer, puesto que hasta donde sé los reggaetoneros siempre han escrito mayormente sobre relaciones heterosexuales; si en estas canciones la mujer es completamente libre y al parecer no ve ningún tipo de impedimento en ser como quiere, y usar su sexualidad de las formas más versátiles que ella misma se permite; si la mujer de la canción reggaetonera juega al sexo como una zorra, folla, coge o chinga como una ninfómana y todo esto la convierte en una ganadora del sexo, ¿esta mujer es una como nosotras, o más bien se trata de ellos proyectándose como mujer?

Una mujer irreal, libre de las consecuencias que conlleva ejercer autonomía en una mujer de carne y hueso. En el imaginario del reggaetón, las mujeres son ferozmente sexuales y seguras, algunas se drogan y engañan a sus maridos sin siquiera reparar un segundo en las consecuencias de sus actos, tal como muchos de ellos lo ejercen en la realidad. Este tipo de ideal me resulta completamente verosímil con el propio comportamiento de un hombre promedio, de esta y de las anteriores generaciones, y es a partir de su imagen y semejanza desde donde crean a estas heroicas depredadoras sexuales.

Las mujeres que nacen en las canciones que nos encanta perrear son creaciones excepcionales, la cúspide de la libertad sexual. Una libertad que ha sido históricamente coartada, prohibida para nosotras y que en el reggaetón sirvió, sin querer, y a partir de la proyección masculina, como herramienta de emancipación. Mientras que a nosotras no solo se nos castiga por nuestro comportamiento, también hay castigo por "sugerir" tal sexualidad, aunque pueda no ser específicamente así, en la mayoría de los casos, ellos no fantasean con casarse o tener una relación prolongada con una mujer como la que ellos describen en sus canciones.

Las mujeres estuvimos encerradas en un calabozo, cercadas por un imaginario melódico y romántico, hasta que llegó la canción explícitamente reggaetonera y cambió las cosas. La primera impresión de que una mujer se sienta representada con una canción de reggaetón fue una sorpresa. ¿Cómo? Si lo único que hace es denigrarlas. Pero esta voz, esta mujer exageradamente libre y sexual, mala y suelta, crea en el imaginario un grito de justicia, de igualdad.

No vayas a parar

Hace unos años me hicieron una entrevista que odio, donde digo que cuando me fanaticé con el reggaetón, me sentía como "ellos" y no como la mujer a la que le cantaban, porque en ese momento lo pensaba así. Y sí, sentirme ellos me daba la inspiración necesaria para usar la misma impunidad, en las mismas palabras, en el uso de lo explícito, y un poco en la masculinidad que siempre me caracterizó. Cuántas veces nos hemos querido sentir ellos, así de impunes. Pero fue mucho después cuando terminé de comprender la importancia de esta mujer que se alinea, con un momento en el que se intenta destruir el ideal de mujer como ama del hogar, sin capacidad de pensar por sí misma, y únicamente dueña de los hijos que pueda parir, sin opiniones relevantes, ni mucho menos capaz de expresar cuánto desea todo aquello que concierna al sexo.

A lo largo de la historia, las mujeres nos hemos apropiado de cada uno de los ataques a nuestra inteligencia, y los hemos resignificado. Las cantantes de reggaetón y trap también les damos un sentido diferente al acostumbrado a palabras como puta, zorra y a cualquier término ideado para denigrarnos. De igual manera lo hacen las que nos escuchan, y quienes eligen identificarse con la mujer libre y sexual, desde lo secreto, con sus deseos ocultos, o libremente expresados. También están las que nos escuchan por nuestro imaginario que aspira a ser ricas y poderosas, llenas de lujos, como ellos. ¿Quién es el que determina cómo nosotras mismas debemos proyectarnos?

Desde muy chica, me pregunto por qué todo lo que ellos hacen es visto y juzgado de manera diferente a lo que hacemos nosotras. Crecí y experimenté esas desigualdades en primera persona. Cuando entré a la última banda de cumbia que tuve antes de Cazzu, el productor, que estaba muy entusiasmado por este nuevo proyecto que me tenía como protagonista, me sentó y me aconsejó que por favor cuidara mi vinculación con los hombres de la productora, músicos, técnicos, productores musicales o lo que fuera, porque eso podría perjudicar muchísimo el respeto y la percepción que tuvieran sobre mí. Me contó que una cantante de otra banda se había vinculado con algunos y eso había traído consecuencias en su trabajo.

Por supuesto que en ese entonces ya sabía que las cosas funcionaban así y lo cumplí a rajatabla, no importaba cuánto podía gustarme alguien, debía alejarme de ese lugar. También entendía que ese era un consejo nacido de una real preocupación por mí. Al mismo tiempo, me daba cuenta de lo injusto que era que cualquier comportamiento sexual o sentimental que una tuviera pudiera opacar el talento, el trabajo y la perseverancia. Algo que nunca aplicaba a los hombres que había a mi alrededor, mucho menos si eran artistas.

Estas diferencias son las que cada día me impulsaban más y más a construir discursos de liberación sexual que son parte del corazón del reggaetón. Quería seguir alimentando esa utopía de mujer libre y poderosa, que al mismo tiempo expresara lo harta que estaba de que siempre seamos nosotras las censuradas a decir o hacer. Seguramente, muchas quisimos ser como ellos, no ser un varón, sino poder ser vistas como la gente ve a los varones. En mi adolescencia resistí a la burla de muchos por mis comportamientos, porque muy en el fondo yo sabía que era más libre —y aún lo soy— que todos los que me criticaban.

Cuando construí a Cazzu primero hice una réplica de las canciones de los artistas que más me gustaban. Compuse muchas canciones donde le canto a una mujer de esa misma manera que lo hacían ellos, como en "Bounce":

Le gusta sentirse mala
Tiene un tubo en la sala
La imitan no la igualan
Peligrosa como bala
Sueña con los billetes
ningún bobo le mete
muñequita de todos pero de nadie juguete

o en "Penas y problemas":

Mira cómo lo mueve, mi bebé es stripper
Meneando su cuerpo, una profesional
Nunca le va mal
Se lleva como quince K de dólares semanal
No compite con nadie
Nunca nadie puede ocupar su lugar
Carita de ángel, bonita de más
Mami, mueve pa'trá'
Que se van los problemas
Todas las penas si te pones a bailar

Los billetes cayendo encima de tu cuerpo
No vayas a parar
Dale, ponte a bailar

Con el paso del tiempo y la búsqueda de quién era yo y de cómo era ser esa mujer que proponen estos géneros, pero más cerca de la realidad, sin ser objeto, pero sí un ser sexual y sentimental, pudiendo ser todo lo que es una mujer, con sus complejidades y deseos de libertad, fui encontrando el camino para plasmarlo en mis letras. Quizás como en "Romance de la venganza", cuando digo:

Debería cambiar (cambiar)
Ser como una zorra de la que sí te vas a enamorar
Y a ver si de esa forma alguien se queda junto a mí
Ay, ya me cansé de llorar
Ay, ya me cansé de
Baby, búscame en el club
Entre botellas de alcohol, Hennessy y mi pack de cigarro'
Acompañada de un matón sicario
Ahora me convertí en victimario
Debería ser como una zorra
De esas que sí te enamoran

Esta colisión entre reggaetón y trap concebidos como géneros machistas estalló con el movimiento feminista, que realmente quiere ser esa mujer pero una más real, una que no sea cosificada, sino concebida como un todo. Así nació esta revolución, así fue como creé a Cazzu, me hice mi lugar y escribí versos que expresaran esta nueva subjetividad, y las puse dentro de una canción que tenía a cinco varones cantando delante de ella, y que para escucharlas tenés que esperar al minuto cuatro. Hablo de "Tumbando el club", con todos ellos, aunque algunos no aprobaran mi presencia, siendo una "Loca" hipersexualizada, pero esta vez por mí misma y pidiendo que pichee a todas pa' comerme "Toda".

Así nació este camino de resignificación, el mío, que se alineó con el de todas, conspirando contra el patriarcado, canibalizando sus formas mientras fingíamos ser lo que ellos pensaban que éramos, para ocupar los espacios que primero estaban en el imaginario de ellos, y que luego nos los apropiamos en nuestra voz y nuestra subjetividad, y que nació a partir de esas mujeres que primero fueron creadas por sus fantasías. Las mujeres que escuchan reggaetón pueden desear ser la mujer a quien se le canta, desear esa libertad sexual. Otras desean ser ellos: ricos, poderosos y con estilo. Las mujeres fanáticas del reggaetón pueden pensar y decidir que eso las representa.

Con el tiempo y la visibilización de discusiones feministas sobre las letras de las canciones de estos géneros, percibí que las nuevas generaciones tomaban otro rumbo. Empezó a aparecer una ola grande de varones cantando sobre la mujer que se libera y aprende a disfrutar la vida debido a que *un hombre le pagó mal*. Ante el ruido que empezaba a generar la idea de que el reggaetón era explícito, muy machista y que debía dejar ese estilo detrás, se comenzaron a proyectar otras fantasías en él, como la de la mujer que expresa su despecho luego de una ruptura, como motor válido para hacer lo que quiera. El discurso cambió de una mujer hipersexual e hipersexualizada, donde ella dispone y elige este camino, a una mujer que, por creer en el amor y ser traicionada, se convierte en esa primera mujer del reggaetón, la que es "libre".

Gracias al maltrato se puso bella
Ahora tú la quiere' y no te quiere ella.
("Relación", de Sech)

Le rompieron el corazón
Y no busca a nadie que se lo reponga
Solo quiere alguien que se lo ponga
Ella quiere un man que no la llame y que no joda
Pa' remplazar al perro que no la valora.
("HP", de Maluma)

Todavía habrá reggaetoneros que en sus canciones proyecten sus ideales, sus fantasías, en los cuerpos de las mujeres, o personificados en mujeres, también habrá fantasías en las que las mujeres solo se liberan sexualmente para ofender a un hombre o torturar a otro. Pero las mujeres sabemos que la venganza o el despecho no son un requisito para salir a cogerte a quien te gusta, ni mucho menos para salir a beber o a bailar con tus amigas. Aunque es una posibilidad, no la única.

Mientras revuelvo y revuelvo en el historial de canciones de los varones que me inspiraron, también encuentro otras joyas que capturan exactamente lo que tengo ganas de decir, de escuchar:

A ella nadie la dejó (yeah)
Ella es así desde que la mai la parió
Siempre fue mala, no fue que se reveló
A beber y fumar, nadie le enseñó
Y no to' el mundo puede darle

("Nadie la dejó", de Dimelo Flow,
Dalex, Cauty, Lyanno, Rafa Pabön)

2

LE METES COMO NENE

"La primera y principal de las diferencias entre la sexualidad animal y la humana es justamente que, mientras la primera se encuentra bajo el dominio del instinto, este no existe en lo más mínimo en el hombre".

GABRIEL ROLÓN

Malianteo

Dentro de la industria, una de las desigualdades que más padecí y que más tristeza me han generado vino de la mano de la elección del género al que pertenezco. Si bien mi carrera empezó a muy temprana edad, cuando tenía quince años, el salto a la fama lo hice de la mano del trap, siendo más grande. Para escribir las letras y para armar una historia a mi modo, mezclé mis vivencias personales junto con todo el malianteo que consumía.

Que este hombre, miralo a los ojos cuando se dispara.
El pecho, el abdomen, la cara la cara la cara...

Cantaba arriba del tema de Kendo Kaponi, "La 40 Glock", mientras limpiaba el piso del departamento en el que vivíamos. Tenía 23 años. Me iba impregnando de eso que me gustaba, aprendí de su pasión y agresión, y empecé a escribir mis canciones más enojada, esforzándome por sonar mala pero sin perder la dulzura de mi voz. En esas letras comencé a hacer confluir el sentimiento de lucha por lo mío, las locas búsquedas para ganarme un lugar en la cumbia, el barrio, "la villa" y las andanzas con mis amigos delincuentes, las carreras clandestinas y escapar de la policía, visitar a mi primer noviecito preso y a mi mejor amigo más adelante, y todas las cosas a las que sobreviví sin dimensionar el peligro.

Yo escribía muy confiada mis vivencias y mi realidad, a veces exageraba, a veces inventaba, como lo hacemos todos. Pero la esencia estaba porque me sentía habilitada para hablar de lo que había visto y experimentado. Sin embargo, cuando el movimiento del trap creció, años más adelante, todas las dudas cayeron sobre mí, exageradamente sobre mí. "¿Esta de qué se la da?", se preguntaron algunos, mientras que en paralelo la aceptación acerca de lo que mis colegas varones escribían era total. Pero nunca dejé de atreverme a decir lo que realmente pensaba, pese a la incredulidad de los colegas y el público.

Históricamente, este tipo de música pedía que el que la ejecutara hubiera vivido todo lo que cantaba: primero se era maleante y después artista. A pesar de que no existía una policía del malianteo que saliera a buscar a quienes se salteasen esa regla, se sabía cumplir bastante bien con este mandato, que era casi un precepto en la ética de un cantante callejero.

Sabemos que muchos de los padres del trap y del reggaetón tienen un pasado maliante y varios han pasado tiempo en prisión por los crímenes que efectivamente sí cometieron. Muchas de estas experiencias se encuentran plasmadas en canciones como "Bandolero", de Tego Calderón y Don Omar, que compara a los delincuentes de la calle con los de guantes blancos, y la frase dedicada para Tempo, que en ese entonces cumplía una condena de once años por narcotráfico:

y yo no soy ejemplo, mi respeto al Tempo
su único delito fue tener talento.

O la colaboración entre Tempo y Arcángel a través del teléfono de la prisión.

¿Qué pasa Arcángel pa'?
¿Me escuchas bien? Es Tempo
Ya se han cumplido cinco años
De mi arresto pero
No pienses que no sé lo que está pasando
Y por eso escogí tu álbum
Pa' expresar lo que siento
He visto tanta hipocresía meti'a en el género.

También la fama de Anuel doble AA que disparó al aire, ya en épocas de redes sociales, y su famosa respuesta a la reportera que lo acompañaba cuando lo detuvieron, y que se viralizó al mundo con el hashtag #FREEANUEL. Hasta el mismo DaddyYankee recibió un disparo a los 17 años aparentemente sin estar involucrado en ningún problema más que vivir en un caserío. Pero ¿qué tenemos para decir sobre el malianteo las mujeres del género?

La que habla soy yo

Para las mujeres los obstáculos se hacen sentir en todos los espacios, incluidos los del mundo criminal. Sin embargo, en el día a día de un caserío en Puerto Rico, en el bajo mundo en República Dominicana, o una villa en la Argentina, también hay mujeres que lo ven y lo viven, lo escuchan, lo actúan, es decir, delinquen, manejan grupos criminales, incluso masculinos, administran ventas de droga y día a día arman estrategias para sobrevivir. Algunas se codean con lo más turbio, otras le escapan y otras están atrapadas en él.

Hace un tiempo mi gran amiga y colega La Joaqui dijo en una canción que se estrenó en 2024:

Y que Dios me re perdone, pero acá la única que puede hablar de fierros soy yo.

Alrededor de esa frase se creó una burla, la gente intentaba ridiculizarla, mientras que ella había compartido en sus letras lo que fue haber sobrevivido a que le pusieran un arma en la cabeza más de una vez, y haber estado atrapada en un barrio peligroso y que eso casi le costara la vida. Se la ridiculizó mientras que, por el contrario, nadie dijo nada de los varios niños que comparten el ambiente de la música del RKT y les cantan a las pistolas, al malianteo sin tener siquiera edad para haberlo vivido, y que en comparación con ella, jamás han corrido tantos peligros, o uno tan grave como que te apunten a la cabeza y te amenacen de muerte.

El punto es que cuando esas mujeres se deciden a cantar sobre el barrio, de manera profunda o superficial, con jerga o con *barretines* —diríamos los argentinos—, genera rechazo. De inmediato se activa el "modo duda", se cuestiona la veracidad de lo que canta esa mujer, y en particular, si le canta a su mundo criminal, aparecen las sospechas, cuesta procesar, cuesta creer y empieza la burla. Además, el problema no radica en si sucedió o no, en si era cierto o no, el problema es que siempre sospechamos *a priori* de lo que dicen las mujeres, pero jamás cuestionamos lo que sale de la boca de un hombre, o al menos no con la rapidez con la que juzgamos a las mujeres en la mayoría de los aspectos de la vida.

En los últimos tiempos, con el auge del trap, son miles y miles los niños que se identifican con una realidad que apenas conocen, y que a su vez recrean, sin haber pasado una experiencia directa con ella. Aun así, la idea de cómo se retrata ese mundo es recibida como verdad. A pesar de ello, de todas las ficciones que logran instaurarse sobre "la mala vida", la de una mujer que conoce las tretas de la austeridad y hostilidad parece solamente funcionar en el cine y jamás logra cruzar esas fronteras, muchísimo menos si es una mujer.

En los inicios del trap en la Argentina, recuerdo que mis colegas empezaron a aparecer en los titulares de los programas informativos por su incitación a las drogas. *Y si traes la codeína ina-ina-ina* era la nueva preocupación de los padres de adolescentes. La redundancia en el uso y abuso ilegal de estos fármacos, como de otros excesos, le dio autenticidad al trap, porque en su contenido estaba la gracia. Muchos de estos artistas sabían de lo que hablaban, otros simplemente tradujeron algunas *lyrics* de Young Thug o Migos, que les alcanzaban para ser *cool*. Yo nunca hice mucha alusión a las drogas porque, aparte de que golpeó duro a personas muy queridas, mi premisa siempre fue la de no cantar sobre lo que no practicaba, aunque mi contexto haya estado impregnado de ella.

Sin embargo, conozco colegas mujeres que lo hicieron, y a partir de historias verdaderas y muy crudas. Pero apenas esas canciones salieron, fui testigo una vez más de cómo el efecto fue el contrario, no fueron leídas como mujeres de la calle, sobrevivientes que salieron adelante, y el efecto que tanto les funcionó a los varones quedó trunco. Ellos pueden ser geniales, aun cuando un hilo de baba les cae por la comisura de la boca por los efectos del Rivotril, pero nosotras cuando les cantamos a las drogas nos vemos como "quebradas" y eso no es sexy. Y como en todo mandamiento primordial y patriarcal, dejar de ser sexy complica el panorama, más de lo que ya es por el mero hecho de ser mujer. La calle y la droga, y el mundo que las componen, son un terreno todavía complejo para nosotras y son pocas las mujeres que se atreven ingresar a ese imaginario y lograr un efecto parecido al de los varones. Fallan porque la mayoría no cumple con un estereotipo de belleza requerido, porque poseen cierta masculinidad que las saca del lugar de objeto de deseo, o por ser demasiado bonitas para haber vivido tanta porquería.

Cuando, años atrás, entré al ambiente urbano y comencé a expandir geográficamente mi música y mis relaciones artísticas, mis colegas centroamericanos o caribeños solían decirme que yo "le metía como nene". Las primeras veces que escuché esta expresión me pregunté a qué se referían exactamente, aunque intuí que era su manera de decirme que lo estaba haciendo bien. A veces, también me decían que yo no competía de lleno con las mujeres del género, que era diferente. Detrás de esta declaración había un intento de halago, por supuesto, que generalmente provenía de personas que sentían una admiración sincera por mi trabajo. Podría haber sido un simple "lo estás haciendo bien" —yo estaba segura de ello—, pero la afirmación de hacerlo como "un varón" era sinónimo de que lo estaba haciendo bien bajo las bases más sólidas de su construcción de pensamientos. Me pregunto dónde quedarían las nenas en todo esto, y qué significaría "meterle como nena" dentro de su escala de valores.

En aquel entonces, yo no tenía elaboradas tantas ideas sobre cómo mirar la vida, como ahora, y es muy probable que esta suerte de halago le haya servido a mi autoestima. Sin embargo, no tardé mucho en descubrir que, a pesar de que "le metía como nene" y de que no competía de lleno con las mujeres —porque no había casi nadie con notoriedad haciendo lo que yo hacía en ese momento—, tampoco estaba compitiendo con ellos. Entonces, ¿contra quién competía? ¿Cuál era mi lugar? ¿Cómo podía un intento de halago dejarme imposibilitada para competir?

A su vez, a medida que mi carrera avanzaba, empecé a notar que la competencia entre hombres poseía mucho menos requisitos. Ellos pueden ser simples, pueden rapear con una sola métrica durante tres minutos y rimar de formas inconexas y eso estará bien. Ellos pueden ser o muy gordos, o muy flacos, muy bajitos, muy altos, pueden desentonar y no saber bailar, vestirse feo y siguen en competencia.

Las exigencias del género

Los requisitos para nosotras son más y mucho más difíciles de alcanzar, y, en el caso de que contemos con todo lo que se necesita para competir, la competencia sería desleal. Se da por sentado que una mujer tiene una relación sin esfuerzo con todos sus dones, como saber cantar, bailar, moverse con gracia, sostener una belleza fuera de lo normal, etc., como si eso viniera inserto en un chip y no significara horas y horas de trabajo, ensayo, producción, con un equipo que acompaña para producir esa imagen. Todo para ser reconocidas como pares, para que una vez que llegamos al podio de la legitimidad, y que ellos sí tengan capacidad de ver la superioridad de nuestro talento, aparezcan los "peros", siempre hay un pero. "Pero es que es mujer, puede bailar, cantar y rapear y ser bonita, es otra categoría, no es la mía". Nunca hay nada que nos iguale, que nos haga ser dignas a menos que ellos lo decidan y nos "bendigan" con su varita mágica.

Esto me recuerda a lo que dijo Karol G cuando en 2024 ganó como Mujer del Año 2024 en los premios Women in Music de Billboards: "Ignoré por completo y aún sigo ignorando los comentarios de 'es que ella se lo debe a este', 'no hubiera sido si no fuera por', 'lo logró porque grabó con este', o 'lo hizo porque se lo dio aquel'". Cada día hay más mujeres defendiendo la posición de sus artistas favoritas, aunque enerve al macho negador de las capacidades de la mujer. Aunque es cierto que también están los que se sienten contagiados por este respeto, por creer el discurso, por valorarlo y verlas como lo que son, mujeres llenas de talento y esfuerzo triplemente mayor que el común de los hombres que pudieron conseguir un lugar tan preponderante en este caso como el ejemplo de Karol.

No quiero que se me malinterprete, el arte es una cosa y la industria es otra. En una fantasía donde todes les artistas fuéramos algo así como una unidad sin género, las artes seguirían funcionando y siendo arte con baile o sin baile, con cantantes increíbles y o gente que no canta pero hace lo suyo y etc. El arte es arte, yo intento reflexionar sobre el número de requisitos con los que debemos cumplir nosotras para demostrar que podríamos ser dignas de entrar en carrera, frente a los muy pocos que deben cumplir ellos. Lo que quiero resaltar es el juego perverso que se arma cuando por un lado se nos hace sentir que no somos suficientemente buenas para competir con ellos y, por el otro, cuando llegamos al podio, resulta que tenemos demasiadas ventajas por sobre las de ellos, que también nos inhabilitan para competir.

En los inicios de mi carrera, cuando mi nombre empezaba a resonar, me invitaron a formar parte de una versión de la canción "Me compré un full", que ya tenía una primera versión y al productor conocido como Sinfónico se le había ocurrido crear otras versiones, con diferentes equipos, "gangas" en la jerga, para promocionarla. La ganga de Carbon Fiber tenía una versión, la de Los Real G4 life tenía otra, y se suponía que nosotros, el "team argentino", íbamos a hacer una tercera. Yo estaba entusiasmada y me puse a preparar mi verso, que conviviría con otros de colegas y amigos, parte del malianteo oficial local. De repente, mi verso empezó a rebotar, e ir y venir entre ese equipo y uno que armaron solo de mujeres. Finalmente se decidió que mi verso saliera en la "versión femenina", algo con lo que yo no estaba de acuerdo y, muy enojada, me opuse.

Algunas féminas que participaban en esa versión se enfurecieron conmigo y expusieron su enojo en redes. Quizás fue entendido como falta de sororidad, de compañerismo entre nosotras, que era lo que más se necesitaba dentro de ese contexto de la música, y no estaban equivocadas. Pero mi furia contra la decisión de los productores no tenía que ver con ellas. Al separar las versiones por género, cuando nos metían en el corral del "malianteo femenino", del "reggaetón femenino", nos degradaban como categoría, y digo degradaban porque, repito, nunca se agrega el "masculino" cuando se trata de hombres, solo es música y ya. No supe bien qué pasó, ni por qué la versión argentina finalmente no avanzó, solo recuerdo estar cegada por el deseo de querer demostrarles que yo podía formar parte del mundo de ellos, competir con ellos. Quizás eso coartó mi visión y no pude contemplar otros factores que estaban en juego, pero hice lo que creía correcto. Hoy considero que una "versión femenina", por sesgada que fuera, nos daría visibilidad y nos uniría como las mujeres del trap, aunque no fuera mi ideal. Para mí, es y fue importante que existiera ese espacio para nosotras en un estilo de música como el malianteo, que siempre estuvo muy reservado para ellos.

Es por ello que antes, durante y después me dediqué a escribir frases en mis canciones que dejaran muy clara mi postura. ¿Sirvió de algo? Yo creo que sí. Más adelante pude ser parte de muchas canciones conformadas solo por hombres, nunca hubo más de una mujer: siempre estaba yo entre cinco o diez varones. Siempre fue igual de difícil el acceso de las mujeres a formar parte del *mainstream*, y más si tenía que ver con el trap y lo que ahí se cantaba.

Con los años, mi participación comenzó a ser más orgánica, ellos simplemente me llamaban. Algo debo haber hecho bien porque más adelante las compañías grandes empezaron a replicar esa fórmula, la de varios hombres y una sola mujer.

Temas como "Toda remix" o "Pa' mi remix" sentaron un precedente al sumar al menos a una mujer para que aportara lo suyo. Y aún se puede ver la influencia de "Toda remix" durante el 2024, en canciones como "WYA Remix Red", que alcanzó un éxito gigantesco, presumiendo una cercanía a la fórmula de estas canciones y resaltando, por sobre los demás, la presencia de la mujer. En esta ocasión De La Rose, una puertorriqueña con una voz dulce, y una marca muy propia, le canta al acto sexual de una manera totalmente explícita, abandonando todo filtro y ha sido mejor recibida que en otras épocas. Lo celebro enormemente.

Nunca fue fácil, siempre había alguien negociando la colaboración y representando sus intereses por sobre todo lo demás. En particular, yo trabajé esa alianza del malianteo con muchísima garra, usé todas mis herramientas. Hice muchos amigos, algunos enemigos y hasta usé las herramientas más "femeninas" como la seducción, pero, por sobre todo, la confianza de que había algo de mí que, más allá de la música, parecía un misterio. No era mi belleza, porque no podría reconocerme bella, era lo que escribía y lo que la gente proyectaba de mí en su propio imaginario. Y claro que lo aproveché y hoy cuento con colaboraciones que existen solo porque los hombres desearon eso que había en mí, y yo había sabido utilizarlo a mi favor, y que quizás no hubiese conseguido apelando solamente al talento.

Paradójicamente, el interés de un ícono en ascenso, como en aquel momento lo era Bad Bunny, nuestra reciente colaboración en "Loca" y sus conciertos en la Argentina también llamaron la atención sobre mí en la escena, ya que él era el hombre que todos querían ser. Pero cuando tuve la atención yo tenía algo para dar, mi música. Eso me volvió a suceder recientemente cuando una gran masa me conoció por situaciones personales que también tuvieron que ver con un hombre, y ahí estaba mi arte una vez más. Al igual que Karol, sigo ignorando cuando dicen "la conocemos gracias a este o al otro", el punto es que ahora me conocen y yo tengo mucho que ofrecerles. Cuando una mujer capitaliza sus desgracias, compone un acto de justicia.

La impostora

El malianteo y el trap ejecutado por mujeres existen desde un tiempo antes de que yo tomara fuerza en la escena local. Pero estuve en el lugar correcto, en el momento correcto, y con el discurso correcto, y me convertí en una de las pioneras del trap *mainstream* de habla hispana.

Canté:

Págame, págame, págame (págame)
Que este culo se lo merece (se lo merece)

Y me di a conocer. Primero en la Argentina, y luego cuando se elaboró el remix para América Latina y el mundo. "Loca" fue un emblema. Khea, Duki y yo, junto a Omar Varela en la producción, dimos vuelta al mundo cuando Bad Bunny quiso ser parte de la canción. Con ella comenzó todo para nosotros y para todo lo que se conoce como "la escena argentina". Fuimos la santísima trinidad del trap y trajimos una gran abundancia para el país que nos apoyó. Pero, para mí, tenía de fondo una lucha más y una victoria más: la de ser reconocida como una mujer que sí estaba a la altura de los hombres, y la de ser "la" mujer del trap, y bajo mis condiciones.

Sin embargo, siempre están las falencias que llevan a que una sienta que nunca llegó. Yo no bailaba, es decir, no seguía coreografías en mis shows, porque me provocaba muchísima vergüenza el movimiento de mi cuerpo. Hasta hace poco, cuando miraba alguna filmación de mi performance en el escenario, siempre me lamentaba por no atreverme a bailar y me invadía una sensación de inferioridad con respecto a mis colegas mujeres, ya que la mayoría sí lo hacen y muy bien. Pero luego me acuerdo de que ni Anuel, ni Myke Towers, ni Jhay Cortez bailan, ellos simplemente están ahí, a veces caminan, otras veces se quedan como tiesos, concentrados en su letra. No les hace falta nada más que lo que son.

Si me pongo a pensar sobre lo que la gente espera de mí en el escenario, no puedo evitar juzgarme y decirme que sí, que quizás estoy muy tiesa, que no sé moverme o pararme como Beyoncé, y eso me dificulta horriblemente poder mirar mis propios shows. Se activa en mí "el síndrome de la impostora", y una cita del libro homónimo de Elisabeth Cadoche y Anne de Montarlot que les ponen palabras a mis pensamientos diciendo: "Cuando se instala la duda, empieza el trabajo de zapa, incluso si la mujer está demasiado cualificada. La idea de no merecer totalmente el puesto de responsabilidad que desea u ocupa, debérselo a la suerte, temer en todo momento que la descubran y la juzguen, perpetúa todas estas creencias limitadoras".

También, en relación con mi performance, la idea de que yo pudiera rapear lo suficientemente bien o escribir lo suficientemente explícito como para ser parte de la "música de varones" me daba cierta ilusión. Aunque también es real que una de mis más grandes ilusiones fue lograr que un varón, al escuchar mis canciones, se sintiera identificado con ella más allá de la voz que la interpreta. Pero ese deseo me ha traído demasiadas frustraciones, porque hay una enorme evidencia de la diferencia que existe entre ellos y nosotras. Las mujeres somos muy abiertas a la hora de escuchar artistas y de asistir a sus conciertos, en cambio los varones lo son mucho menos. En los conciertos de mujeres hay muy pocos hombres, y los porcentajes de hombres heterocis que escuchan a mujeres artistas son muy bajos.

Una vez, un colega de la escena del hip hop argentino me dijo: "Yo nunca me voy a sentir mal porque mis colegas me digan que mi música es medio maricona (se refería a romántica y suave), porque en los conciertos siempre hay más mujeres, y al final ellas compran tickets, ellas hacen un club de fans, ellos no". Esto se me grabó y seguramente debió haber pasado hace más de ocho años, pero como siempre fui de las personas que cuando se fijan una idea usualmente la convierten en un experimento, fui detrás de ella una y otra vez con la intención de que me escucharan más hombres y cuando sufrí hostilidades, yo fui más hostil.

Mis ojos como dagas

En la época en la que cantábamos en discotecas, al inicio de nuestro auge de popularidad, hacíamos varios shows en un mismo fin de semana en diferentes lugares del país. Yo, con dos coletas y mi flequillo corto, me subía al escenario y cantaba lo mío. En ese momento "Loca" era un boom, y las mujeres, sobre todo, conocían mis otras canciones y colaboraciones que empezaban a tener éxito. El show, mezcla de reggaetón y trap, a medida que crecía, me permitió sumar dos bailarinas, una fotógrafa y una DJ. Éramos un combo de chicas listas para bancar el escenario de discotecas donde había mucha gente borracha, donde las reacciones de todo tipo no se hacían esperar.

Las chicas del público se iban hacia adelante para vernos más de cerca y disfrutar, mientras los varones nos miraban alienados, como si fuésemos cosas de otro mundo. Yo, en ese momento, cantaba por inercia, mi cabeza estaba totalmente en otros pensamientos. Veía las caras de todos esos hombres, sus comportamientos y pensaba: "¿Por qué tengo que pasar por esto? ¿Esto nos pasa porque somos mujeres?". En noches así, experimentaba rabia, ira, desilusión, sentía taquicardia, quería llorar, y me invadía el desconcierto. Todas esas emociones tan desesperantes decantaban siempre en agresión, que era la única forma con la que sentía que era coherente con mi personaje. Luego de la violencia y de la furia, por supuesto que llegaba la tristeza, pero como a las 10 de la mañana, cuando ya estaba en casa.

Es que, concretamente, los varones no se quedaban ahí juzgándonos silenciosamente, sino que nos gritaban obscenidades y mucho más a mis bailarinas, que vestían *bodies* y prendas muy cortas. También arrojaban hielos, chicles, vasos con bebidas, entonces yo reaccionaba. Siempre reaccioné, nunca me quedé callada y nunca nadie me enfrentó. Con el tiempo y la experiencia fui desarrollando técnicas muy divertidas para avergonzar y humillar a los varones que nos manifestaban actitudes de odio.

Cuando desde el escenario veía quiénes se habían desubicado, los apuntaba para que todo el mundo se volteara a mirarlos y se sintieran profundamente denigrados, devolviéndoles un poco de su propio veneno. Frente a mi reacción, a veces se paraban más orgullosos, pero con una mueca nerviosa, otras veces se escondían, huían como cucarachas y en ocasiones, sobre todo si eran varios, respondían con insultos obviamente sexistas. En algunos casos, llegué a pedir que los sacaran del recinto, con virulencia incluso, usualmente cuando los más audaces aprovechaban que todas las chicas se juntaban en la parte de adelante para pararse detrás de ellas a manosearlas. Decía: "¿Vos estás loco? ¿Vos acabás de tocar a una chica en un concierto de Cazzu? No sabés lo que eso significa". Mientras yo los hacía sacar, los ridiculizaba grotescamente desde el escenario, en mi pecho ardía un fuego de odio.

Para mí, no era divertido en lo absoluto, aunque desde afuera pareciera así, aunque mi postura fuera de superioridad y el privilegio de ser yo la que tenía el micrófono en la mano, y dada la altura de la tarima en la que estaba parada, aunque el público aplaudiera y me ovacionara, yo sufría. Guardaba cada una de esas confrontaciones en mi corazón y aunque las ponía en canciones, nunca me alcanzó, siempre terminaba en dolor.

Cuando tenía oportunidad, iba a ver cantar a mis colegas varones y observaba a su público, buscaba ver si esos comportamientos se repetían. Necesitaba confirmar que a ellos también les pasaba. Pero no pasó mucho tiempo para que me diera cuenta de que cuando un hombre ve a otro en un escenario, si no le gusta lo que ve, tal vez pueda ignorarlo, hacerle algún gesto poco agradable, hasta quizás arrojar un hielo, pero si lo apoya, el apoyo es exageradamente mayor.

Viví episodios muy violentos con algunos jóvenes, de esos que salen en manada y sienten que el mundo les pertenece. Recuerdo un show a las 6 de mañana en Uruguay, en una disco de niños ricos, cuando unos chicos empezaron a tirar cerveza al escenario y a cantar otra canción encima de la mía. Me pregunté por qué tenían esta actitud contra mí, ¿era el alcohol?, ¿era porque nosotras éramos mujeres? Obvio que sí. Mientras avanzaba con mi performance, empezaron a golpear a un grupo de chicas que, emocionadas, cantaban mis canciones y que, además, me habían esperado hasta el final de la noche. No me quedó más remedio que parar el show, una, dos veces, y en la tercera empecé a insultarlos. Pero ellos no pararon, y cuanto más los desafiaba, más empujaban a las chicas. La pobre valla que separaba a la gente de la tarima parecía estar a punto de romperse y algunos guardias de seguridad del lugar se pararon a sostenerla.

Cuando intenté retomar, uno de ellos se sacó la camisa y me mostró el pecho, como invitándome a un reto. Recuerdo que él estaba casi en el centro del público, rodeado de por lo menos dos mil personas más, pero ahora la cosa era entre él y yo. Paré el show una vez más, lo invité a subir al escenario conmigo. Es más, le pedí a la gente que le abriera camino para que viniera y me desafiara cara a cara. Por dentro me corría un calor tan grande que podría haberle arrancado la cabeza con los dientes. Al final se quedó ahí, sumido en un profundo silencio que me permitió retomar el show pero ya esta vez con una horrible sensación que traté de disimular pero que era realmente más fuerte que yo. Me olvidé de las fans, las chicas que me habían esperado, y solo quería enfrentarme con ese espécimen. Cuando terminé y bajé del escenario, lo busqué con la mirada, juro que lo busqué. No había nada que pudiera hacer, pero necesitaba al menos clavarle mis ojos como dagas.

Días después, mi mánager vino a casa y me dijo: "No podés seguir actuando así. Tengo miedo de que te hagan daño. Ese día había mucha gente, y nosotros éramos pocos. Un día no lo vamos a poder controlar". No terminó de hablar que me transformé en una bestia, fue lo peor que podría haberme dicho. A los gritos, le dije que él no podía entender lo que me pasaba, y agregué: "Que me maten, que me hagan lo que quieran", jamás iba a pasar por alto que un varón me tratara así a mí o a mis fans mujeres delante de mí. Mientras me descargaba no podía parar de llorar de rabia, de enojo e impotencia. Fue entonces cuando mi mánager tomó la decisión de seleccionar mejor las discotecas y pronto dimos el paso siguiente.

Los hombres que no escuchaban a las mujeres

Con mi primer Lollapalooza en el 2019, hice saltar a más de sesenta mil personas con mis canciones. Fue uno de los mejores shows de mi vida, ese día cantaron conmigo todos los pibes del "Tumbando el club (remix)". Cuando se publicó el *line up*, la gente nos criticó muchísimo, decía que nosotros dábamos para tocar en los antros de la ciudad y que no estábamos a la altura de un festival tan prestigioso. Pero como casi todos los comentarios de las redes, quedó en las redes, y las miles y miles de personas que asistieron a mi show en el escenario Perrys demostraron que yo y la escena del trap estábamos en todos lados. Aún veo los videos y no me lo creo, fue épico. Así empezó mi era de festivales, y ese fue otro cantar.

Mi verso en "Tumbando el club (remix)" resumía mucho de lo que vivía en esos tiempos:

Eh, ando en la trampa con Tony
Distribución desde el West
Hacen que no buttheyknow me
No hay llanto pa' lo de ayer, ¿qué, qué, qué?
Actitud y estilo, que tumbamo' el club
Nada de eso e' tuyo, así que dámelo
Las ex de mi chico van a verme al show
¿Quién va a discutir que la jefa soy yo?
Ese logi está batiendo y no e' double cup
Yo creo que e' vigilante like RoboCop
Está hablando de mi estilo, de mi tumbao'
Le puedo tumba' la guacha que tiene al la'o
Qué lo qué, lo qué, lo que tiene e' miedo
La nena va a quedarse con su trofeo
Yo te lo avisé, y no me miren feo
Vo' viajando en tren y yo en un trineo

En esta canción puedo decir que yo percibía que no todos estaban cómodos con mi presencia, pero la mayoría, sí. Y lo más importante fue que Neo Pistea, el dueño de la canción y un gran amigo, se encargó verbalmente de ponerme siempre en un lugar enaltecido, eso me ayudó en varios casos, ya que lo único que se podía sentir por Neo era un profundísimo respeto por ser la explosión, el big bang que permitió que muchos de nosotros tuviéramos un referente de lo que queríamos hacer. Cuando mi música no era nada y mi carrera no mostraba el potencial que alcanzó, le mostré algunos temas que sacaría y me dijo: "Vos vas a ser grande, vas a traer lo nuevo". El apoyo de los hombres respetados sigue siendo en muchos casos una gran ayuda para derribar barreras sociales que nos ponen en la música y en la vida, aunque por suerte cada día es menos necesaria.

Un poco más adelante, empecé a notar que en los países centroamericanos el público masculino se interesaba más por mis shows. Comencé a ver más hombres que en mi país, y advertía más respeto de ellos hacia mí, una sensación que también se trasladó a mis colegas. Luego de "Loca", vino "Toda (remix)", que también explotó en toda Latinoamérica, Europa y un poco más, siendo una sorpresa muy grata para mí y para Alex Rose, Lenny Tavarez, Lyanno y Rauw Alejandro.

Yo era la única mujer en esa canción y mi parte estaba al final, igual que en "Loca", cosa que a veces me molestaba y otras veces me consideraba la cereza del postre. La cuestión es que la afinidad con mis colegas varones fue diferente. No solo con los que cantaban melódicamente "bonito", sino con los raperos de pura cepa. Sentía que era parte, mejor recibida, respetada. No sé qué fue, tal vez el hecho de que yo venía de un país que ellos desconocían, también la manera en la que funciona su cultura, recuerdo que mi forma de ser, verme y pensar era algo muy nuevo para todos por allá.

Cuando se inició mi era de festivales y me subía a escenarios con tantos otros artistas, empecé a confirmar que efectivamente en otros países los hombres disfrutaban mis shows, también mi actitud, mi rebeldía, mi irreverencia. Pero cuando pisaba la Argentina volvía a lo mismo: yo era artista principal, pero seguía siendo difícil levantar al público porque tenía que disputar el espacio con artistas varones, que convocaban a una audiencia de varones que esperaba un despliegue de virilidad en el escenario.

Entonces, en la primera edición del festival dedicado al trap en Buenos Aires, el Buenos Aires Trap del 2019, se me ocurrió hacer algo que llamé "el experimento social": hacía cantar, solo a los hombres, algunos fragmentos de mis canciones que yo sabía que sí o sí tenían que conocer. Entonces, bromeaba y les decía: "Les juro que no se les achica el pito si cantan canciones de mujeres". Sucedió, cantaban: "pagame, pagame, pagame que este culo se lo merece". Me divertía ver esas caras escondidas bajo gorras de visera plana mirándose confundidos entre sí y riendo nerviosos. Muchas veces, el escenario consigue que la gente se anime a hacer lo que le proponés. Ese momento era mi favorito, y todavía recuerdo sus caras en algunos eventos de trap que fueron muy reveladores para mí.

Pasó el tiempo y todo parecía avanzar, pero luego retrocedió un poco, y así es casi siempre. Allá por 2022, volvió a sucederme que un grupo de varones, que esperaban el show de un colega —espera que los tenía muy ansiosos—, empezaron a cantar sus canciones arriba de las mías, mientras una gran audiencia que también había ido a verme a mí quedaba en el medio. Sucedió en Miami, pese a mi larga carrera de shows en vivo, emergió nuevamente esa sensación de volver a vivir aquello que pensé que ya no me sucedería, y con ella emergieron recuerdos oscuros. Claro que los insulté, los invité a irse y de ahí salió un video que dio unas vueltas por internet. En fin. Otra vez yo, la loca armando lío.

Un día, navegando en internet, se me ocurrió buscar: "por qué los hombres no escuchan música de mujeres". Quería saber si alguien más se lo había preguntado y si podía ocurrir que no se sintieran representados con nuestra música. Afortunadamente, cuando la siguiente camada de mujeres de mi país salió, con muchísima fuerza, a copar la escena, nuestros varones colegas mostraron otra actitud. Ya sea por "temor" a quedar como machirulos o porque sí estaban más preparados, quizá gracias a lo que mujeres como yo hicimos antes, cambiaron su actitud y las recibieron mejor. También es cierto que ellas fueron muy exitosas, y esa puede haber sido otra razón, como el haber llegado cuando la industria ya estaba organizada. La cosa es que las desacreditaron menos, el público se comportó menos hostil y, sobre todo, no fue un problema aceptar el hecho innegable de que, en muchos aspectos, ellas eran mejores. Me refiero a que, como dije antes, ser mujer en la escena te obliga a desarrollar más aptitudes: las mujeres cantamos, bailamos, escribimos, rapeamos, sin dejar de ser bonitas y creativas. Y no digo que algunos varones no lo sean, pero si la vida los pusiera tan a prueba como a nosotras, seguramente desarrollarían todas esas aptitudes.

En 2024, regresé triunfante a aquel festival de trap, más esperada y respetada. Aun así, cuando bajé del escenario, un empresario de la organización, luego de felicitarme por el show, me dijo, “che, cómo te gusta bardear”. Y yo pensé… todos los pibes saltan y gritan cosas como “salten hijos de puta” y mis comentarios son lúdicos, mucho más leves y aun así la que bardea soy yo. Me sonreí y sostuve mis ganas de decirle “si fuera tal o tal, no me dirías esto”. Es importante distinguir los momentos que no merecen nuestra energía.

Actualmente, en la mayoría de mujeres de la escena que conozco, la disciplina es intensa. Toman clases de canto, de baile, llegan a horario a sus compromisos, etc., claro, con excepciones. Pero, en general, mientras nosotras crecíamos en una vida de demandas propias de nuestro género, que se cumplían a rajatabla, yo miraba cómo ellos podían darse el lujo extraño de entregarse a los excesos y los consumos, todo como parte de un juego, peligroso, pero juego al fin.

Más allá de la obediencia o desobediencia, los excesos no eran mi juego, nunca consumí y no iba a hacerlo, ni siquiera por encajar, porque sacrificarme a mí misma de esa manera, y solo para encajar, no era algo que estaba dispuesta a realizar. Pero no podía dejar de notar que ellos sí podían desobedecer las reglas mucho más que nosotras. En lo personal, si iba a encajar, era porque el contexto iba a ser propicio, porque yo iba a hacer mi arte y la gente lo iba a entender. Y sí, existían algunos chistes internos de mis colegas de que yo no era trap porque no me drogaba o no bebía alcohol, pero no me dañaban. Íbamos a los mismos lugares, mirábamos las mismas cosas, y al otro día yo era la única que lo recordaba todo y la única que no había hecho el ridículo.

3

PERREO

> "Vivimos en una sociedad en la que las mujeres son agredidas y asesinadas por los hombres, y aun así hay una importante corriente de opinión que niega la existencia de una violencia estructural contra la mujer y rechaza el feminismo. ¿Cómo es posible, entonces, que exista un consenso general respecto a que el reggaetón es una música peligrosa porque transmite valores machistas?".
>
> Laura Viñuela Suárez

¿Usted escuchó mi música?

En el año 2018 tuve mi primer acercamiento a una discográfica multinacional. Me acuerdo claramente cómo lucía la oficina a la que entré para reunirme con la presidenta. Me resultaba fantástico que fuera una mujer quien lideraba esa región de la empresa, con mucho entusiasmo empezamos a hablar de mi música y lo genial que era mi proyecto, según lo que ella me decía. A medida que la reunión avanzó, nos fuimos relajando, y ella, hablando de todo un poco, me mencionó que Karol G, quien en ese entonces tenía una carrera apenas en ascenso, había visitado la Argentina y había subido a cantar al escenario con un "*body*". Lo dijo horrorizada, y aclaró lo grotesco que le había parecido: "Acá no estamos acostumbrados a eso". Siguió hablando, y después de unos minutos resaltó el beso que Lali Espósito se había dado con una de sus bailarinas en vivo en un festival. Ella había asistido con su hijo que tendría unos siete años, y no había llegado a taparle los ojos. Luego remató con que eso no era algo que debía ver un niño.

Entre la homofobia y el conservadurismo exagerado que de repente empezaron a desplegarse en la reunión, completamente fuera de contexto, quedé perpleja, como en pausa. Miraba a la nada, pensaba en todo a la vez, pero especialemente en mi música. En *Maldade$*, mi primer disco, autogestivo y el único en ese momento, en el que tengo una canción dedicada a una mujer y en el video, efectivamente, beso a una chica. También pensé en la ropa que planificaba usar en el futuro y en muchas de las canciones que compuse y canté, todas sexuales. Cuando volví a la realidad, le dije: "Señora, ¿usted escuchó mi música? ¿Miró mis videos? La invito a que lo haga y vuelva a llamarme cuando esté segura de que quiere una artista como yo en su compañía". Me fui.

No pasaron tantos años desde que el reggaetón y el trap, y en ese combo nosotros mismos, éramos los marginados de la música. Aunque todavía hay mucho de eso, la transformación que sufrió al convertirse en música *mainstream* llevó a que se calmaran las aguas y que algunos deban conservar en secreto lo que honestamente piensan de nosotros. Sin embargo, esta ola de música divertida, sexual, pegajosa, de pocos acordes y repetitivos, y con poca historia en sus letras, desata todavía varias polémicas, como la que respecta al baile.

"Pero la cosa es que el reguetón, que es bastante suelto, es de los bailes caribeños que más margen de maniobra ofrecen a las mujeres. Yo puedo decidir si me pego o no, si me doy la vuelta, puedo marcar el ritmo, puedo tirarme al suelo, apoyarme en la barra, irme a bailar sola, regresar… ¿Por qué los citados bailes en los que la mujer tiene cero margen de maniobra no han sido tachados de machistas?", dice June Fernández en su popular artículo "Si no puedo perrear, no es mi revolución". En él, reflexiona sobre una serie de puntos muy similares a los que se discuten en este libro, aunque años más tarde haya vuelto a confrontarlos en otros artículos. El perreo es, como mínimo, liberador, pero, al igual que su música, es un baile explícito, y uno de los desafíos más grandes que presenta radica en cuántas probabilidades existen de encontrar una pareja de baile que perree con vos sin convertir el baile en acoso.

Como ya mencioné, cuando comencé a pensarme como cantante de reggaetón, me identificaba más con los hombres cantantes que con las mujeres que ellos proyectaban en las canciones. Quería sentirme más como un Arcángel o un Ñengo, que como ellas, y es probable que la razón fuese porque sentía vergüenza de reconocerme en esa mujer que se dejaba cantar "esas cosas", en esa mujer tan sexualizada, la que se dejaba perrear y hacer de todo. Quizá pensaba así porque era más joven, por la evolución de mi propia sexualidad, por el momento sociocultural en que nos encontrábamos, o por aquel vacío que pronto sería el propio espacio que yo llenaría con mi proyecto, un pensamiento que fue mutando con el pasar de los años, sobre los que se sumaron mis replanteos filosóficos en relación con el movimiento feminista, y a mi yo artista de reggaetón.

El valor de saberme inocente

¿Qué pasa con el público menor de edad que consume este tipo de música explícita? En primer lugar, como una preadolescente que descubrió el reggaetón a los doce años, sé que esta música no aceleró mi proceso sexual, no me condicionó más de lo que me condicionaron el patriarcado y los imaginarios sexuales que había a mi alrededor sobre las mujeres. No me empujó a la "promiscuidad", de hecho mi primera vinculación sexual llegó más tarde que el promedio de todas mis amigas, y luego de haber consumido por lo menos cinco años de una cantidad exagerada de reggaetón. Y con esto no quiero decir que en todos los casos sea igual. Pero el condicionante más grande siempre será el contexto en el que una mujer se cría, y la educación sexual que se le brinda en casa, en la escuela y en su comunidad.

Como ya comenté, los artistas y sus estilos de reggaetón son muchos. Desde que empecé a escucharlo, el proceso de descubrimiento me reveló un mundo del que me volví viciosa. No era lo mismo escuchar:

Y cuando cae la noche yo
imagino que estás conmigo
no puedo vivir si no te tengo
tu me comienzas a besar
te juro que no quiero despertar
luego empiezo a ver la realidad
que es solo un sueño
que no te tengo.

"Un sueño", de Rakim y Ken-Y, era una de mis canciones favoritas en la preadolescencia, la escuchaba tirada en la cama, pensando en el chico que me gustaba en la escuela y cantando a los gritos.

Por esa época, también sonaba:

Agarrate el pelo, gatea, satea,
trepateme encima haz lo que sea
Ponteme agresiva pa' que vea
Haz que pierda el control aunque
no lo crea.

"5 letras", interpretada por Alexis y Fido, del 2006 y del álbum *Gargolas 5: The Next Generation*. "Un sueño" era del 2007 y del álbum *Sobrenatural*. Estos dúos, el de Alexis y Fido, y el de Rakin y Ken-Y, marcaron mi vida, aunque eran dos tipos de proyectos muy diferentes. Por el 2007 yo tenía trece años y no tenía idea de lo que Alexis y Fido cantaban en sus canciones, ni de la jerga puertorriqueña que me alejaba más de la posibilidad de comprender. No era igual con Rakim y Ken-Y, era más simple entender una canción romántica con simples metáforas de amor, que una canción con tanto contenido sexual escondido en la picardía de unos raperos, totalmente velada para la niña que era, y más por la distancia entre el español jujeño y el puertorriqueño.

Yo no recibí educación sexual en la escuela porque asistí a un secundario religioso, lo que desencadenó un camino sinuoso de despertar sexual, parecido al de muchas, lleno de desinformación y al que hoy apenas he logrado comenzar a deconstruir. Pero mi interés por darle una explicación social a mi amor por el reggaetón pronto me brindó las herramientas para empezar un recorrido de mayor comprensión, para luego convertirlo en canciones. Porque sí es cierto que las canciones son una posición política, y hay quienes las piensan más, quienes menos, quienes copian, quienes elaboran sus propias ideas, pero al fin son una palabra política, una opinión que puede formar pensamientos en quienes las consumen y yo era totalmente consciente de eso cuando me convertí en artista.

Hace pocas semanas digitalizamos un video viejo de mi infancia y me vi bailando e interpretando una canción de mi banda favorita a los siete años, La Mosca. El cantante usaba unas gafas gigantes como de mosca y mi papá me consiguió lo más parecido que pudo. Toda mi familia se sentó en una hilera de sillas en el patio de la casa de la abuela a vernos interpretar a mi prima Andrea en la guitarra, mi hermana Florencia en la percusión y yo en la voz, nuestro show. La canción empieza diciendo:

todos los días hueveando en esa esquina
tomando porquerías para sentirme bien.

No es ni trap, ni reggaetón, sino la repetición de tiempo en tiempo, de la misma discusión de generación tras generación. Quizás tomar porquería para mí era tomar líquidos gaseosos de colores estridentes que según mi mamá me dejarían sin dientes, como muchas cosas que se dicen en las canciones y no son comprensibles para los más pequeños a menos que los adultos se lo enseñemos. Imaginen a un pequeño puertorriqueño oyendo *déjame fregarte la trastera* y pensando en un mueble con platos y vasos. Ese es el valor de la inocencia.

En el año 2019, cuando mi carrera sufría el mayor auge, tomé una decisión crucial para mí, para mi equipo y para mi público, al decidir poner un límite de edad para quienes querían acceder a mi show. De ahora en más debías tener al menos catorce años. Sucedió al verles la cara a niños de seis años en mis shows, mientras yo decía *págame que este culo se lo merece*. Me generó una incomodidad que no podía soportar. Muchas de las personas que me criticaron por mi contenido no tuvieron en cuenta, como no lo tienen con las y los artistas de ahora, que yo compongo música para mayores de edad.

Si no querés que tus hijos consuman música con contenido para adultos, entonces buscá los artistas que se dedican a ese tipo de música familiar y abandoná la actitud narcisista de pretender que un artista cambie su música porque tu hijo se fanatizó con ella. En mi caso, yo me ocupé y responsabilicé de colocar ciertos límites que quizás no eran en su totalidad mi responsabilidad, pero al menos, al ponerlos, me sacaba de la incomodidad. Esta decisión fue difícil, más de una vez supe que en la entrada de los recitales quedaban niñitas llorando porque no les permitían ver a Cazzu, ni habiendo pagado su entrada. También implicó un impacto económico negativo, ya que pudiendo realizar más de dos funciones por día, con esta limitación, me restringía a una.

Por otro lado, mi público creció y también el rango etario de la gente que empezó a escucharme y esto fue porque, pese a la crítica, mi decisión, consciente e inconscientemente, me permitió agudizar aún más la carga sexual de la música, en vez de disminuirla para encajar o satisfacer a un rango etario más amplio. Al mismo tiempo, mis videoclips se encuentran restringidos bajo configuraciones de control parental, y aunque no es pornografía, no es contenido pertinente para un niño. A la hora de tomar decisiones, se elige un camino y otros quedan abandonados. Entiendo lo que dejé de lado, con el propósito de asegurar mi discurso, pero también sé bien cuál fue la ganancia, y así son la mayoría de las decisiones que se toman en la vida.

La calle anda diciendo

Recientemente me crucé con un video de Psicowoman, una influencer española, que salió por las calles de España a preguntarle a la gente si se podía ser reggaetonera, trapera y feminista, un gran dilema que hemos transitado muchas. En el video también pregunta cuál es el género musical más machista, y todos sus entrevistados mencionan al reggaetón y al trap, con excepción de un buen hombre que responde "el flamenco". Entre otras preguntas, una de las que más quiero destacar es la de por qué asociamos más al machismo con el trap y el reggaetón. Las respuestas de los entrevistados se centran en lo explícito y lo sexual de sus letras, pero también por su forma de bailarlo. Sin embargo, cuando se les preguntó si creían que el perreo empoderaba a la mujer, todos, o casi todos, respondieron que sí. Y yo me pregunto:

¿Cómo es que un fenómeno meramente machista y cosificador como el reggaetón al mismo tiempo pueda empoderar al mismo objeto que denigra? Aquí aparece de nuevo nuestro dilema, la gran cuestión de este libro. El reggaetón ¿me empodera?, ¿me cosifica?, ¿me insulta?, ¿me identifica?

En el video de Psicowoman hay un muchacho que me llama la atención cuando dice que le resulta "bastante conflictivo" ser trapera, reggaetonera y feminista, a menos que se trate de sentir la música y expresarla con el cuerpo, o sea, el baile. Luego, nos ilumina al agregar que el machismo dentro del género no es culpa de las mujeres, sino de los hombres, que cuando ven a una mujer perrear se propasan porque los hombres no saben reconocer los límites. Qué acertado, ¿verdad? Yo he perreado hasta el piso, me he puesto la ropa más corta y cómoda que tenía, y he salido a mover mis caderas de un lado al otro y siempre me sentí espectacular. Será que lo que más rechazo nos genera es la "culpa" de vernos y sentirnos sensuales, y las consecuencias que esto trae, pero que ni debería existir, pero existe. Y no me refiero al ejercicio de una sexualidad consentida, sino a lo que incomoda, el hecho de hacernos sentir que siempre seremos las responsables de que nos pase algo malo, porque eso es lo que nos enseñaron. ¿Los hombres alguna vez sentirán miedo o culpa por verse sensuales?

Que me haga fuerte suspirar ft. Ivy

El perreo es un baile con gran capacidad de adaptación, como todos, y así como ocurre en la música, hay géneros con más vigilancia tradicionalista que otros. La mayoría de las veces que perreé lo hice sola o con mis amigas, porque en la Argentina no se ve demasiado perreo en parejas de hombre y mujer, de hecho, podría decir que se ven muy pocos hombres mostrando destreza de baile en las discotecas comunes, también pocas mujeres desenvueltas, exceptuando las fiestas específicas de reggaetón, donde se suele encontrar gente de diferentes nacionalidades latinoamericanas.

Cuando se lo baila, entran en contacto las caderas de las dos personas que se mueven al ritmo de la música. Muchas veces, recrea los movimientos de un acto sexual, lo que implica una confianza instantánea en el otro, para no confundir la performance con una invitación directa a tener sexo. La mayoría de nosotras elegimos no correr el riesgo y bailar solas, o con mucha suerte con el que nos gusta, con el que nos gustaría tener algo más que bailar. Desafortunadamente, en boliches y fiestas, los límites se desdibujan rápido y, con la borrachera y demás, comienza una repetición incansable de escenas donde se acercan unos huelebichos, se te pegan sin permiso, se enojan si los sacás, y hasta quizás te insultan porque en su mente de energúmeno las mujeres son propiedad de los hombres, y así es como el perreo se va poniendo complicado. Ivy Queen nos iluminó en el 2002 con esta espectacular canción, totalmente adelantada para la época, donde resume los límites del perreo:

Yo quiero bailar
Tú quieres sudar
Y pegarte a mí
El cuerpo rozar
Yo te digo: "sí, tú me puedes provocar"
Eso no quiere decir que pa' la cama voy.

Nada explica mejor la sensación de una mujer que quiere bailar, pasarla bien sin correr el riesgo de vivir una incomodidad como Ivy más adelante agrega:

Yo no tengo problema en acercarme y bailarte este reggaetón
Que los dos tengamos que sudar que sudar
Que bailemos al ritmo del tra-tra
Que me haga fuerte suspirar suspirar
Pero pa' la cama digo mira na', na', na'.

Tuvo que existir una razón por la que Ivy, la reina máxima de todo este movimiento, haya escrito esta canción y —quién iba a decir— que un día tendría el enorme privilegio de preguntárselo: "Los múltiples atropellos, malabares y sacrificios de ser mujer. De no ser vista como un pedazo de carne. La verdad, lo que conlleva ser una mujer con criterio e ideales inquebrantables es más que agallas y ovarios. ¡Temple! Los hombres estarán en ventaja mientras nosotras debamos estar probándonos nuestras capacidades una y otra vez. Injusto por demás". Me escribió este mensaje por Instagram, respondiendo a mi pregunta una tarde de agosto del 2024. En estas palabras ella hace un extraordinario resumen de básicamente todo lo que se desarrolla en este libro, la desigualdad.

¿Yo perreo sola?

Yo perreo sola (hmm, ey)
Yo perreo sola (perreo sola, ja, ja, mmh-mmh)
Yo perreo sola (ja, ja, mmh, ey)
Yo perreo sola (perreo sola)
Okay, okay, ey, ey, ey.

dice Nesi, en la introducción de "Yo perreo sola", de Bad Bunny. Esta canción salió en el 2020 y casi todo el mundo la conoce porque convirtió a Bad Bunny en un aliado. Existe, por otro lado, una opinión feminista diferente que no apoya los intentos del famoso cantante de apoyar la causa, que obviamente también respeto. Por mi parte, pienso que utilizar su enorme plataforma de difusión para disparar una canción que pretende evidenciar el machismo patriarcal puede llegar a ser un aporte para la visibilización. Aunque entendiendo que él es un hombre y que su perspectiva sigue siendo la de un hombre.

También estoy de acuerdo con la crítica que recibió al no incluir el nombre de Nesi como artista colaborativa, siendo la única mujer que efectivamente participa en el disco. Este es un ejemplo de muchos, de las tantas voces icónicas que formaron parte de canciones muy populares del reggaetón, y de las cuales esas mujeres nunca tuvieron un crédito; es una conversación que sigue existiendo en espacios de debate sobre feminismo y reggaetón.

En una nota de *Vice* por Andrea Ocampo Ceame encontré este pasaje que me hace seguir preguntándome sobre las diferencias entre alianza y marketing: "Nesi (Génesis Ríos, Puerto Rico, 22), la voz que canta el pegajoso coro de esta canción, no aparece en los créditos del disco. ¿Con cuál de todos los semblantes nos hacemos los 'feministas' y le negamos el nombre propio, el rostro y el cuerpo a la única mujer del álbum? Dicen que fue por una cláusula de exclusividad entre Nesi y Hear This Music, exsello de Bad Bunny de donde salió de malas con Dj Luian y tal... Pero ¿qué nos importa a nosotres? Benito la desaparece, la hace parodia de una Rosalía, hace playback sobre su voz y nos devuelve su boca húmeda. 'Lo único que quería era mi voz', declara Génesis. No es suficiente. Atrás quedaron los tiempos en que las mujeres del reggaetón solo podían optar a coristas, a volverse meros arreglos musicales o instrumentos para el manejo de machirulos que además se iluminan con les verdes abortistas".

Podríamos pensar que Benito Martínez usó a Nesi para encontrar "su propia voz femenina", pero omitió su nombre. Quizás ese error se deba a la falta de perspectiva de género, algo común en los hombres. ¿Fue constructivo? Opino que sí, y a él seguramente le sirvió de aprendizaje. Después de la polémica, Benito se redimió haciendo el remix de esta canción junto a Nesi y a Ivy Queen, e invitándolas a formar parte de varios conciertos.

Yo hago lo que me dé le gana
A los pendejo' como tú le' saco el de'o (nah)
Te dije que yo no quería (ey)
Y ahora quiero meno'

(Nesi)

En general, en el proceso de deconstrucción, a los hombres les resulta más fácil aceptar un mensaje que viene de otro hombre. Supongamos que ese mensaje dispara una discusión, abre un debate, o sirve para llamar la atención sobre una problemática social urgente. En el video de esta canción, Bad Bunny personifica a diferentes mujeres, y se convirtió, para muchos colegas, en un hazmerreír. Imagino que también produjo cierta cólera en los más homofóbicos, y cierta simpatía en los que son más *cool*. En un momento del video, él pone a perrear a su versión mujer con su versión hombre, donde se puede ver que no hay contacto físico como suele haber en el perreo. Detrás de la pareja de conejos malos perreadores un cartel de neón verde, el color que caracteriza a la lucha feminista sobre todo la del aborto, con la frase "NI UNA MENOS" y uno enfrentado que dice "LAS MUJERES MANDAN". Esto último es, para mí, lo más discutible, porque pese a la contraria que nos llevan los acérrimos a que las cosas no cambien, las mujeres no estamos constantemente intentando "mandar", aunque podemos. Pedimos muchísimo menos: igualdad.

Aun así, los invito a elegir por su propia cuenta su postura, que es un ejercicio vital para el desarrollo de las opiniones, comprender la lucha y seguir aprendiendo entre todas y todos.

4

VENDER SEXO EN EL ARTE SIENDO MUJER

El Filósofo

Vico C, "el Filósofo", es el apodo por el que se conoce al rapero y cantante nacido en Nueva York y criado en Puerto Rico, mejor conocido por su barra *la vecinita tiene antojo, antojo que quiere resolver.* Hace un tiempo, dio una larga entrevista para la plataforma de El Chombo, donde desplegó una majestuosa demostración verbal de lo que es exactamente un hombre machista: "Las mujeres cantantes, especialmente en el género urbano, se desvalorizan a ellas mismas. O sea, es como si se hubiesen rendido y hubiesen dicho a los cantantes varones 'mano, me han dicho tanto perra y me han dicho tanto, que ok, pues entonces lo soy'".

Entiendo que, para el artista, las mujeres somos y nos formamos según las palabras de los hombres, cancelando de inmediato nuestra autonomía de pensamiento. En sus palabras, nosotras, con un par de veces de escuchar repetidamente unas frases sexuales en unas canciones de reggaetón, creemos que ese es nuestro lugar y lo convertimos en nuestras carreras musicales. ¿Y cuál es ese lugar?, me pregunto. Para Vico, ese es un lugar de autodenigración y vergüenza, tal como lo explica.

Cuando escuchás que todo el mundo te repite hasta el cansancio que “ese no es tu lugar” porque a unos cuantos se les ocurre, quizás en algún momento te lo creas, y quizás renuncies a él por la presión de ir contra el orden establecido. Pero lo que más me moviliza de estas declaraciones es que él habla de nosotras, las cantantes del género urbano, y obvio que no puedo no tomármelo como personal. Las cantantes del género urbano somos mujeres que contra todo pronóstico supimos conseguir un lugar en un mundo totalmente controlado por hombres, y muy a pesar de que se denigren sistemáticamente todas nuestras capacidades, como en este claro ejemplo que les doy. “Una cosa es que los hombres machistas denigren a la mujer y otra cosa es que la mujer se denigre a sí misma”. Así dicho, parece estar diciendo: “que te denigren los machistas es una cosa menos importante, porque es lo usual, lo común, lo permitido, el orden del mundo, pero mucho peor es que te denigres vos misma”. Si él me lo preguntase, soy yo la que elige qué decir y qué hacer conmigo misma y mi propia vida, bien o mal, antes de que alguien lo decida por mí, o mejor dicho, antes de que los hombres lo decidan por mí, porque elegir me hace dueña de mi propio ser. Desvestirme por mi propio mérito y deseo en un videoclip y autosexualizarme en mi propia música siendo yo resultan mi opción y mi decisión, algo a lo que solemos llamarle libertad. Sin embargo, no veo el mismo empeño en juzgar a toda una industria dedicada a usar la sexualidad de las mujeres con fines lucrativos, ¿por qué será tan difícil aceptar que nosotras podemos usar la libertad artística igual que ellos?

Estas ideas representan el estereotipo de pensamiento de hombre adulto, un cliché. No sé si él crea que lo son, pero sus dichos no tienen nada de diferente ni original al común pensamiento de los hombres, y a veces mujeres, de su edad. Es un mensaje repetido en *loop* frente a una minoría que son los que piensan que usar la libertad de mostrarnos como a nosotras nos place, o hacer lo que queremos, es nuestro derecho —un pensamiento novedoso—. Quizá él se sienta como un agente de cambio dentro de un puñado de hombres que les cantan de forma sexual a las mujeres libertinas, pero no lo es. Su pensamiento retrocede, en lo personal, le aconsejaría que se diera la oportunidad de hablar con sus colegas, esas mujeres de las que él opina tienen opiniones también, se lo prometo.

La mujer y el hogar. Un único mundo

A pesar de que el tiempo pasa y la sociedad se transforma, sobrevive la dificultad por comprender que una mujer pueda decidir cantarle al sexo, mostrarse sexual y vender sexualidad en su arte. Vico lo ve como una "desvalorización" y obvio que no es el único. ¿Por qué la libertad de vender historias sexuales en la música solo les pertenece a ellos? Quizás, si continuamos escuchando sus dichos, encontremos la respuesta. Y aunque mi análisis podría leerse como un intento por responsabilizar a este señor por toda la misoginia del mundo, no lo es. Él expresó tres conceptos más importantes, que me vienen como anillo al dedo para desarrollar estas ideas y refutar sus teorías, pero son cosas repetidas infinidad de veces, patrimonio del mundo patriarcal: "Si eso sigue sucediendo es trascender una línea, que si a nivel social esa es la línea, el mundo corre un peligro bien grande. Tu atacas a la mujer, tu atacas al hogar".

La más importante y prominente razón de por qué no se nos permite vender sexo es porque nosotras somos el hogar. Somos las amas de casa, las madres de los niños y las madres de nuestros maridos. Todavía recuerdo cuando una persona que trabajaba conmigo, tratando de decirme que yo era más especial que las demás, mencionó que a Niki Nicole todavía no le daba, que Nathy Peluso era buena pero hasta ahí, y que a Nathy Natasha se le había acabado la carrera porque se había convertido en madre. Ahora que tuve una hija me pregunto qué pensará ese hombre de mí. Y, por supuesto, admiro a mi querida Nathy, que no solo hizo crecer su carrera, sino que en aquel entonces le dedicó su álbum a su hermosa hija poniendo como portada un carrito de bebé. ¿Acaso las madres no escuchan reggaetón? Déjenme decir que el mundo corre un peligro bien grande cuando, una y otra vez, un hombre decide cuál es nuestro lugar y cuál no lo es.

Mentiría si digo que me siento sorprendida, porque no hay nada menos novedoso que un hombre haciendo este tipo de comentarios. Y tampoco me sorprende la seguridad con la que lo dice, ya que, bueno, él es "el Filósofo", un artista prestigioso que ha escrito grandes obras, y se lo ha mencionado como uno de los fundadores del reggaetón, y que se ha pronunciado socialmente muchas veces, y etcéteras. Yo me pregunto si dentro de todos los aportes sociales que puede haber hecho en su carrera, alguna vez ha leído sobre feminismo ¿Tendrá mujeres a su alrededor con las que conversa de igual a igual? Los filósofos son pensadores y los pensadores piensan, pero lo más importante de un pensador es la duda. Cuando uno cree saber algo, primero duda de sí mismo y luego, por supuesto, investiga. Yo creo que en realidad él es solo un hombre diciendo cosas que dicen los hombres de su tipo.

Vico C nos convence de que posee un pensamiento desarrollado y lo peligroso es que el tono de voz, el contexto en el que lo expresa y la admiración que le profesamos nos llevan a creer que en su discurso él nos está respetando, llamándonos a la conciencia, educándonos, ¿evangelizándonos tal vez?, pero en verdad hace todo lo contrario.

Cuando él manifiesta que el mundo "corre un peligro bien grande" si nos "denigramos a nosotras mismas" —un paréntesis sobre lo que él llama denigración—, no hace más que echarnos la culpa. Y aquí vamos otra vez nosotras, siendo las responsables de todo el mal, como desde la época de Eva, la responsable de que la humanidad no tenga domicilio en el Edén por provocar que el inocente Adán cometiera un crimen que, pobrecito, no quería. "Ella me hizo hacerlo", me imagino defendiéndose a Adán, "ella me hizo hacerlo", dirían tantos hombres culpables de tantos crímenes hacia la mujer. Ellas se denigran y esa conducta terminará con el mundo.

Viéndolo desde una perspectiva empática, yo no lo culpo por sus dichos, por su manera de pensar. Él es un hombre con éxito, respetado, por ende, con poder y que se autopercibe sabio, aunque transmita su agravio desde su más grande privilegio: la ignorancia. Cuando habla, no teme atacar mi libertad de mujer porque no la reconoce como tal, no tiene cómo reconocerla y eso me hace pensar que quizás, si un día se atreviera a leer esto, a conversar con alguna mujer bien entendida e investigar un poquito, quizás entonces pueda empezar a advertir lo terrible que fue aquello que con tanta seguridad expresó.

Declaraciones como estas son muy difíciles de reconocer cuando la estructura del mundo está formada hace miles de años de la misma manera, un mundo conservador donde no se habla ni se reflexiona sobre la realidad, un mundo donde el hombre decide todo y lo decide también por nosotras. Entonces, como dije, no lo culpo, lo responsabilizo por ser un adulto con herramientas para educarse antes de hablar, para entender. Por supuesto lo invito a leer este libro, escrito por una mujer que es una "mujer cantante del género urbano" con pensamientos propios, que lee, que investiga, que piensa, que se retracta cuando es necesario, que pretende generar cambios de paradigmas que posicionen a las mujeres en un lugar de igualdad. Que elige cómo vestirse, sobre qué cantar, y que escribe sus propias letras. Una mujer que decidió escribir un libro y lo hizo con sus propias manos, sus propias palabras, sus propios pensamientos y sus propias historias.

Una mujer no se desvaloriza por sexualizarse, se revaloriza por apropiarse de su sexualidad y de su deseo, al elegir qué hacer con ellos, en un mundo totalmente reservado al placer masculino heterosexual. Y para eso, señor Vico C, hay que ser valiente porque se sabe que la opinión será exactamente esta: se me juzgará, se me atacará y se me culpará de todos los males del mundo. Y aquí sigo, haciendo frente a las ideas que agravian mi integridad como mujer libre.

Soy una perra en calor
ft. Tokischa

El reggaetón y el trap son géneros, como algunos otros, donde su chiste, casualmente, radica en lo mucho que se habla de sexo, de fiesta, de superficialidades. Que hoy sea la música más pegajosa, más escuchada, también tiene que ver con la adaptación de estos temas que ya no son tan tabú en la sociedad. Pero cuando las mujeres del medio optamos por ejecutar un reggaetón más *under*, más *dirty*, un trap más explícito y real, todo se vuelve en nuestra contra. Resulta que cuando nosotras nos apoderamos de lo que es legítimamente nuestro, nuestro cuerpo y decidimos cómo venderlo, el resultado se convierte en una discusión de interés público, sobre el que todos parecieran tener algo para decir. Mientras lo realicen los varones, no parece ser tan grave porque "una cosa es que te denigren los machistas" y otra que lo hagas vos misma, ¿no?

Es largo el camino de la igualdad, pero mucho más cuando se trata de la igualdad sexual. Hemos naturalizado que el varón reggaetonero cante *te pongo en cuatro y a tu amiga también se lo hundo*, y desde mi punto de vista, cuando un hombre tira estas barras sexuales no pierde aquel poder, aquello que le permite permanecer como un hombre de deseo. Y tengo la sensación de que cuando una mujer hace lo mismo, imagínense *me pone en cuatro, se lo mete a mi amiga también*, es como si ella perdiera la posibilidad de seguir siendo un objeto de deseo o una mujer de poder. Esto me lleva a pensar en la típica frase "En la calle una dama, una puta en la cama". La condición para nosotras es la de esconder, la de sugerir, pero no expresar de manera literal. Así es como en la música, las expresiones sexuales más explícitas y literales crean una sensación de sorpresa cuando vienen de un hombre, y más para la gente que aún no atrapó el chiste de este tipo de música, pero cuando vienen de una mujer se vuelve un caso grave, un caso social.

Uno de los ejemplos más populares es Tokischa, con su *dembow* y su carrera armada a base de música muy explícita y fuera de los cánones establecidos:

Ven, que te espero sin panty
Encima 'el gabetero te tengo tu condón

Déjamelo lleno de leche
Y no hagamo' mucha bulla, que mi hermano no sospeche
Que tengo un delincuente en mi cama
Que me rompe el culo en cuatro despué' que me lo mama.

Esta es su estrofa en "Delincuente", cuyo video cuenta con más de cien millones de reproducciones en YouTube, lo que representa una gran parte del éxito que tuvo la canción. Leyendo los comentarios del video (hay de todo tipo), los más comunes son del estilo: "qué poeta", "uy, nosotros admirando a Shakespeare si tenemos a Tokischa". No sé si existe una pretensión más tonta que la de encontrar un valor intelectual en canciones que están creadas meramente para la diversión. Pero, de hecho, la canción "Delincuente" contiene más educación sexual que en la mayoría de escuelas a la redonda. Imaginate que sos una mujer de 20 que hace poco inició su vida sexual y aún creés que la penetración es la única forma de recibir placer, y luego escuchás a Tokischa... se abre un mundo de posibilidades. La desmitificación del sexo heteronormativo y solamente ideado para provocar placer en los hombres, una idea que la pornografía también propaga, se disipa más rápido. Sus canciones son un aporte social y feminista, aunque la mayoría de falsos intelectuales que comentan en internet no lo crean, además de que seguramente no han leído a Shakespeare.

Me dice Toki en una llamada telefónica una tarde del mes de septiembre de 2024: "Yo vendí sexo para poder invertir en mi arte. Eso a veces es lo último que una tiene, porque yo siempre fui muy sexual. Imagínate tú, el arte es caro, la vida es cara, el arte mucho más". "Yo quería hacer mi arte, pero mi trabajo no me lo permitía, entonces empecé a cambiar sexo por dinero. Y ahora que vendo arte lo vendo sexual porque es mi inspiración, mi libertad de expresión. Siento que yo no fui una perra porque me llamaron perra, yo me llamé perra a mí misma, siempre me sentí muy perra y entonces, si yo me llamo perra en ocasiones no es algo sexual, porque conseguí lo que quería o me siento perra porque logré mis objetivos o porque soy una jefa y no nada más porque estoy singando".

Me encanta escuchar a Toki porque ella habla sin filtros y de forma honesta, en este caso cita la controversial —para algunos— canción donde ella canta *Soy una perra en calor*, ella es así igual que su música... real. No oculta nada, no necesita hacerlo.

En el ático

Cuando empecé a escribir este capítulo, analizando los dichos canceladores de una persona que habla de nosotras en nombre de "nuestro bien", me vino a la mente el cuento "El empapelado amarillo", de Charlotte Perkins, publicado en 1892. Narra la historia de una mujer que, según su esposo, que es médico, comienza a padecer un estado de nerviosismo luego de tener un bebé. Entonces, él decide absolutamente todo por ella, desde lo que debe comer hasta cuándo debe dormir. Termina encerrándola en una horrenda habitación con un empapelado amarillo que ella detesta. El motivo del encierro es que ella descanse de su trabajo, de su escritura, del bebé, y no haga nada que la distraiga bajo la recetada "cura de descanso", famosa por esos días.

Él justifica sus acciones con el pretexto de que la ama inmensamente y de que, por el bien de él, necesita que ella mejore. Por supuesto que es un engaño, por supuesto que ella empeora y por supuesto que detrás de ese discurso de amor, respaldado por su título de "profesional", él la subestima enormemente, la manipula, la infantiliza, la convence de ser una inútil incapaz de tomar siquiera una mínima decisión por su propia cuenta. Si ella dice "no quiero", él dice "sí querés, pero no te das cuenta". Si ella dice "estoy empeorando", él dice "estás mejorando, pero no lo notás". La protagonista, quien escribe en secreto sus verdaderos pensamientos, llegando al final de la historia, va descubriendo la verdad de su encierro y el cuento termina con ella convirtiéndose en una especie de monstruo, la única posibilidad de salir de sí misma, al fin liberada de sus cadenas, ahora trepando paredes y haciendo estragos, mandando todo a la mierda.

Quizá para algunos, ahora que tenemos voz y voto, las mujeres nos hemos convertido en ese monstruo que, en vez de bufar, habla de sexo, de deseo y de emancipación, con tanta claridad como lo hizo Perkins. Han pasado 133 años desde el cuento, pero todavía intentan silenciar nuestros verdaderos pensamientos, tales como los que retrata Tokischa en su música, bajo una decisión deliberada, acorde a ella y a sus experiencias. A sus deseos y a su libertad, y quien no necesito más de tres segundos para decirme algo tan claro, tan espontáneo: "Así son las mujeres que saben lo que quieren y para muchos es totalmente intolerable", "después de los 26 qué sé yo… Soy más familiar, soy más de casa, de trabajo y sigo siendo una perra. Y más perra porque soy más jefa".

Nos conocemos hace varios años, sabemos la una sobre la otra, y cuando la contacté para el libro, le dije que hablara de lo que quisiera, este libro es para todas. Entonces dijo: "En diciembre tuve que salir de los hombres que trabajan conmigo… cualidades feas de manipulación, en la industria… igualmente nunca falta el ladrón, hombre o mujer… me pasó… la explotación de girar pa' q' otro se guarde el dinero…".

Como el cuento "El empapelado amarillo", cuando la cosa se pone fea, es cuando una despierta y tiene que hacer un estrago, uno que duela. Un acto monstruoso que a los ojos de otro efectivamente sea como convertirse en un monstruo, y sacar a todos los que te acompañaron hasta ahí, porque si no, al igual que John, el esposo médico del cuento, muchos hombres de la industria te subestimarán y te quitarán todo.

La loca

Mi música es mi gran catarsis. Muchas de mis canciones tratan sobre la rabia y el enojo que callé. A veces intento ser menos problemática, pelear menos, pero por momentos es más fuerte que yo. Mi lugar en la escena argentina luce intacto por fuera, me dicen "la Jefa", siento el respeto. Quizá es posible también que el público imagine que ese respeto viene de todos lados, incluyendo a mis colegas, pero no siempre fue así. Soporté durante muchos años desigualdades, intolerancia y hostilidad por parte de colegas hombres.

Las mejores relaciones son siempre con artistas de las nuevas generaciones y con mis compañeras mujeres. Pese a que también he vivido historias en las que algunas mujeres me dañaron, nunca tengo la misma reacción que tendría frente a un hombre. Es necesario aclarar que históricamente el patriarcado ha invertido en la competencia entre nosotras, perpetuando la enemistad desde la creencia de que hay un solo lugar para las mujeres, y de que solamente una puede estar en ese trono, mientras que entre ellos el vínculo puede ser más amistoso, y la convivencia finalmente prevalece.

En el mundo de las artistas siguen vigentes las lógicas donde los mánageres hombres intentan instalar ideas negativas sobre otras compañeras, las típicas comparaciones inocentes en donde buscan convencerte de que, por sobre todas las mujeres de la escena, vos sos la más especial, pero nunca mencionan si también lo sos por sobre los varones. Eso también lo he vivido. Y si hay algo de lo que me hago cargo, es que yo nunca quise ser tolerante frente a la desigualdad. Para mí, "dejar pasar" no existía, no era mi lugar. Siempre me sentí sumamente capaz de reaccionar porque fue una característica que tuve que desarrollar a partir de lo que me tocó vivir, aprender a defenderse incluye ser consciente de lo que una puede perder por hablar alto. También es cierto que con los años y la experiencia aprendí a identificar qué es lo que verdaderamente valía la pena enfrentar y lo que no.

Una de las últimas veces que pateé el tablero fue cuando estábamos por estrenar una canción que venía cargada de mucha ilusión porque los tres artistas que formábamos parte de ella éramos a su vez las patas de la escena local. La canción estaba grabada y lista, y el video ya contaba con fecha de rodaje. A pocos días de comenzar sucedió algo muy extraño. Resulta que el manejador de uno de los artistas le dijo a él que mi equipo complicaba el trabajo, lo que me resultó muy raro porque el hecho de que esta canción existiera era algo conveniente para todas las partes, no solo de una forma superficial o por el éxito, sino también por lo que sería para la gente.

Después de esta primera advertencia que me hizo un colega, hablé de inmediato con mi equipo. Estaba nerviosa y enojada, pregunté qué había pasado, pregunté si acaso no había quedado clara la importancia de esta canción. Mi mánager me dijo: "Juli, está todo enviado y firmado, no sé qué es lo que te dijeron". Eufórica, llamé a mi colega, ya enojada por lo que empezaba a gestarse, y así se inició una serie de llamadas de idas y vueltas donde él defendió la postura de su manejador y yo fuertemente la mía, y terminó en una pelea. Lograron que desconfiara de mi equipo y armé un escándalo, entonces me mostraron pruebas. En los mails no había anormalidad, la cadena de mensajes entre todos era correcta y todo estaba en orden. Entonces, ¿qué mierda era lo que estaba pasando?

Los manejadores están para negociar, ese es su talento. Los artistas estamos para hacer música y para crear. Los negocios no son compatibles con las emociones y creo que entre artistas es más sano mantenerse al margen hasta que se aprende a lidiar con ellas. Pero en este caso, todos parecían saber más que yo sobre lo que estaba pasando y como dice otro pasaje en *El síndrome de la impostora*: "Para obtener un puesto de responsabilidad, en general, un hombre se posiciona como experto y aprende después, no hay escrúpulos; más bien tiende a sobreestimar sus capacidades y su rendimiento". "Según un estudio publicado por la Universidad de Cornell en 2018, los hombres sobreestiman sus capacidades y su rendimiento mientras que las mujeres lo subestiman".

En aquella conversación en la que mostraron los intercambios de mails de mi equipo con el de mi colega, Leo, mi exmánager, se animó a decirme: "Negra —como me llama amorosamente—, para mí te quieren bajar". No debió haber sido fácil para él, conociendo las consecuencias que podría traer, atreverse a decirme algo de esa magnitud, pero ambos estábamos casi seguros de lo que sucedía. Él, que me conoce bien, sabía que tendría graves consecuencias emocionales, debido a mi historia con este tipo de desigualdades. Pero también, desde un lugar personal, él desconfiaba de todo y estaba muy intranquilo, se preguntaba quién sería el que trababa el proyecto, si la disquera, si el cománager, aún peor, ¿serían los mánageres de mis dos compañeros que tenían un negocio del que no querían que fuéramos parte?

El video se grababa en dos o tres días y finalmente se realizó tranquilamente sin mí, borraron mi parte. Dejé ver mi herida y también mi enojo, les hice saber que yo era "la Jefa", pero otra vez llorando las desigualdades de un mundo manejado por hombres, hombres que por fuera lucen valientes pero que, aun así, jamás pudieron dar una explicación coherente para lo que pasó. En las películas, los hombres tienen honor y las mujeres, no sé, belleza, quizás. En estas historias yo tengo honor y ellos tienen éxito. A raíz del conflicto que acababa de ocurrir me bajé de dos canciones más que estaban por estrenarse, donde compartía espacio con uno de ellos, ambas canciones fueron grandes éxitos, sonaron en las calles y estuvieron en el chart por meses y yo perdí. Otra vez perdí.

¿Hay algún aprendizaje en esta historia? Lo que más me interesa explicar es que ellos, durante todo este proceso, me vieron como a una loca. Yo me enojé y grité, les dije cosas horribles, lo expresé con lo que parecía ser odio, pero era dolor. Muchas veces me pregunté qué parte de mí era la que rechazaba todo eso, si la artista o la mujer que soy. Pero Cazzu es "la mujer" de este género, entonces era inherente, era el todo. Sentí el dolor de la misoginia y el desprecio del macho, que ellos no pueden experimentar por ser hombres.

Creo que un hombre empático y consciente podría haberlo entendido, porque la vida me ha dado el regalo de conocer este tipo de hombres. Pero este no fue el caso; me desacreditaron rotundamente, y nunca pudieron ver lo grave que fue el trato que se me dio. Obviamente desmintieron que hubiera sucedido por ser mujer, pero, qué loco, ¿no? porque justo fui yo, la minita, la que cayó. Esta es una de las mil historias a las que sobreviví de pie frente a un grupo de hombres que me miraron con esos ojos, los de "esta es una loca".

¿Y qué es ser una loca? Cuando decimos lo que nadie les dice, lo que ni entre ellos se dirían. Cuando reclamamos todo y a veces, asustamos. El método es muy simple, los varones se asustan rápido. Y todos saben que la lucha por la igualdad me corre en las venas, que el feminismo está en mi sangre. Pero también saben que ser una buena persona es la bandera que intento sostener y es ahí donde, a pesar de que podría haber producido grandes daños con solo contar verdades, elegí otro camino, aunque a veces reniegue de eso. Entonces quizás les niego un saludo en público, esa humillación es mi pequeña venganza, mi pequeña victoria luego de tanta pérdida.

5

EL VALOR DE LA BELLEZA

El arquetipo artificial

Me sorprende y me genera mucho orgullo cómo todas las artistas de este género fuimos creciendo y madurando en relación con nuestras ideas. Sin embargo, en igual medida, creció nuestro sometimiento a los procedimientos estéticos. Pese a que supimos convertirnos en mujeres seguras y con ganas de construir espacios seguros para nuestras oyentes y consumidoras, no podemos ganarle al ideal de belleza establecido. Ese ideal de mujer que nos acosa todo el tiempo, la mujer que queremos ser y que vemos por todos lados en internet, que nos empuja a una única realidad posible: casi todas queremos ser bonitas. Claro que no hay ningún delito en querer ser bellas, y como bien hablamos a lo largo de estas páginas, vender nuestra música como música sexual y sensual está altamente ligado a vender belleza, y es esta "belleza" la que intento explicarme a mí misma. "Cualidad de una persona, animal o cosa capaz de provocar en quien los contempla o los escucha un placer sensorial, intelectual o espiritual", dice la definición que obtengo luego de googlear su significado. Hasta donde sabemos, las personas somos lo suficientemente diferentes como para que los gustos sean muy variados, de este modo, podemos decir que el placer sensorial que provoca algo en mí puede no provocarlo en vos. Existe la subjetividad, pero también existen estándares muy claros de lo que es ser una mujer bella, y en la industria musical latina esos estándares son todavía más claros, exigentes.

Mujeres con una cintura muy fina, caderas grandes, buenas nalgas, una cara armónica y ni muy gordas ni muy flacas. Yo le llamaría a este estándar "la Kylie". El problema con este arquetipo de mujer es que es una mujer artificial, una construida mediante procesos quirúrgicos, y alcanzarla implica dinero y sufrimiento. Las mujeres nos exponemos a todo tipo de tratamientos para acercarnos a ese modelo de belleza al que queremos pertenecer, se convierte en un objetivo personal, un deseo propio con el que creemos que nos estamos permitiendo a nosotras mismas ser la mujer que queremos ser.

Cuando doy vueltas por mis redes sociales, en donde solo sigo a mis colegas, gente de la música, veo muchas mujeres bellas, muy diferentes entre sí, pero bellas. Me refiero a que el 99 % de ellas son esbeltas, tienen rasgos delicados y "de moda", muchos de los cuales fueron adquiriendo por medio de retoques y "arreglos", según lo que el bolsillo les permitió. Algunas son muy muy jóvenes y cuentan con un público más joven todavía, que quizás piensa que que esos rostros perfectos se deben a que son las preferidas de Dios que las creó más bonitas.

Aunque en ocasiones sí lo son, en la mayoría de los casos la razón es parte de un estilo de vida que prioriza muchísimo el cuidado estético, las intervenciones. Las mujeres que trabajamos en la industria de la música estamos constantemente rodeadas de equipos de estilismo y maquilladores, sumado al ojo crítico de quien nos toma cada fotografía que publicamos.

La honestidad

Es positivo visibilizar esta situación porque nuestras seguidoras podrán desarrollar menos frustración al mirarse al espejo en sus casas y al compararse con su artista favorita. Podrán entender que verse de tal manera implica procesos costosos y trabajosos, en la mayoría de los casos. El ejemplo perfecto es el de Anitta, que sin tapujos siempre fue abierta sobre todas las cirugías estéticas que se realizó, y todavía más importante, envió un mensaje a sus seguidoras diciendo: "Si quieren verse así, sepan que tienen que trabajar mucho para pagar sus cirugías".

La honestidad de Anitta se puede encontrar en un sinfín de entrevistas en internet donde ella habla de su experiencia con las cirugías. En una ocasión, en su paso por el programa argentino *Podemos hablar*, conducido por Andy Kusnetzoff, mencionó que alguna vez tuvo desórdenes alimentarios porque se vio afectada por los comentarios de las redes sociales, lo que la hizo tomar la determinación de mostrarse con su celulitis en su videoclip *Vai Malandra*, probablemente uno de los más conocidos de su carrera, y que representó una liberación para ella. El conductor le respondió que encontraba confuso su discurso ya que la aceptación debería ser completa, ¿cómo es que ella aceptó su celulitis y aun así se operó el rostro? El comentario sonó como el de un hombre que no conoce la presión social a la que nos sometemos las mujeres cuando decidimos mostrarnos, contiene un tinte punitivista y juzga a Anitta desde un absoluto "o es del todo o no es nada", lo cual es una utopía en la vida de una, cuando se trata de aceptación.

El hecho de que Anitta hablara tan abiertamente transformó el efecto de la presión social patriarcal en un acto de rebeldía. ¿Eso es posible? Creo que sí. Al fin y al cabo, las mujeres nos vemos sometidas de tantas maneras que tomar la decisión de modificar el cuerpo es una actitud de libertad dentro de un mundo que está mal hecho. Ella tomó esa libertad y también tomó esa verdad que viene con ella, decidió contarla tal cual como era, lo que me resultó admirable.

Es evidente que el éxito de las cirugías estéticas se debe a que otorgan confianza en una misma. Y la confianza es un sentimiento difícil de conseguir, y más aún para nosotras, las mujeres. En otro capítulo del libro *El síndrome de la impostora* (libro que, como verán, considero una joya para las mujeres que vivimos pensando en por qué nos cuesta tanto confiar en lo que sabemos hacer), que se titula "La relación entre la confianza en sí misma y la autoestima", las autoras citan a la socióloga Patricia Braflan-Trobo: "La buena y saludable autoestima, la que hará a la mujer independiente de la consideración, la aceptación u otra bendición otorgada por los hombres, es sin duda la clave del acceso a una relación serena de la mujer, de las mujeres consigo mismas". Yo pienso que el camino de la modificación física trae consigo alguna de estas muy valiosas características. Pese a que el motor es externo, y tiene como punto de partida el sometimiento y la subyugación de la mujer, el resultado nos acerca a lo que históricamente se nos arrebató: la confianza.

Si te ven bien, te contratan

El talento en las mujeres parece no bastar. El sentimiento de falta, de no alcanzar, es recurrente. Ann Montarlot y Elisabeth Cadoche dan inicio a su libro contando una experiencia que atravesaron yendo a una charla que brindaba una mujer que "parece un ejemplo de éxito", y quedaron boquiabiertas cuando esta mujer dijo: "Me sentí ilegítima, al borde de la impostura", lo que las llevó a pensar: "Si esta mujer con estudios brillantísimos, con la cabeza y la voz altas, tiene dudas, carece de confianza en sí misma y le preocupa la impostura, ¿qué será de nosotras, pobres plebeyas con vidas imperfectas, con ambiciones limitadas?". Así es como dan inicio a una investigación deslumbrante y excepcional que recorre la historia de la humanidad y todas las razones por las que las mujeres tenemos la confianza como un inalcanzable.

Paso mucho tiempo reflexionando sobre estos temas, y, como todo, mis opiniones van cambiando. Tengo momentos en los que me resulta difícil apoyar las intervenciones estéticas, pero intento comprender el fenómeno. Intento ser empática, pensar en cómo me sentiría yo de haber nacido con algún rasgo que realmente esté muy peleado con la idea de hegemonía. Siempre fui "promedio", siempre encontré talles para mi cuerpo y supe entender que muchísimas personas salen al shopping y vuelven desoladas, comprendiendo que no hay lugar para ellas. Sin embargo, mi "ventaja" no me libra de los complejos y es extraño cómo una evoluciona, y es cada día más inteligente, y aun así las inseguridades físicas son un tormento recurrente.

Recientemente viví una experiencia con una de mis mejores amigas, y podría decir, la mujer más inteligente y sensible que conozco. Ella trae consigo una historia de trastornos alimentarios desde la infancia y dentro de su seno familiar se la hostigaba por su peso. Hoy, con 39 años y una madurez sólida como una roca, decidió cambiar su cuerpo a través de una cirugía estética. Nunca antes la vi tan feliz con ella misma, rápidamente se vio reflejado en sus redes sociales y por supuesto en su trabajo. Y aquí me parece importantísimo que dentro de mis reflexiones pueda detenerme a contemplar esta verdad siniestra: el éxito laboral viene de la mano de "mejorar" la imagen y, sobre todo, si se trata de las mujeres.

En la actualidad las redes sociales son una fuente laboral y de difusión para muchas personas, al igual que lo son para mí. Como dice la señora Mirtha Legrand, "como te ven te tratan, si te ven bien, te contratan". El tipo de cambio que otorga una cirugía estética como una lipo, un aumento de senos o un "arreglo" facial es comercialmente rentable, mejora tu negocio, lo que complejiza aún más tu carrera y tu manera de percibirte. Ya que, en esta búsqueda de emancipación, de liberación, de lucha por valernos por nosotras mismas sería incoherente no pensar en esta opción. Asimismo, es un arma de doble filo, ya que muchas mujeres no cuentan con los recursos suficientes y optan por lugares alternativos donde la integridad de su salud no está garantizada.

Mi primera experiencia significativa con mi imagen y la percepción de mi belleza tuvo lugar hace varios años, cuando me vinculé brevemente con un artista muy popular en el transcurso del año 2018, quien representaría al trap latino. Subimos algunas fotos juntos, como quien patea el avispero de la opinión pública. Él era muchísimo más popular que yo, como lo sigue siendo. Descubrí lo mucho que la gente tenía para decir sobre mi aspecto físico. Me convertí en tendencia. Los comentarios y memes eran terriblemente hirientes, todos opinaban sobre mi aspecto. No me martiricé, tuve una gran fortaleza. Incluso, le causó más conflicto a él que a mí. Me confesó sentir cierta responsabilidad en relación con la construcción de los estereotipos que primaban, ya que las canciones de él y de casi todos los del género exaltaban cuán "hecha" (operada) estaba la mujer a la que se le cantaba. *Se hizo las nalga' y las teta'. Y a su marido no lo respeta. Una lipo pa' la tipa pa' que quede mamacita. A toa' mis doña' las pompis y los seno. Dice que es natural, pero pa' mí que se hizo el booty.* Dicen una infinidad de canciones que nos empujan a creer que aquí está la respuesta de nuestras vidas.

Carta abierta a las narices

La gente siempre estuvo obsesionada con mi nariz. No pensé que hubiera algo malo en ella hasta que me hice conocida. Ya llevo varios años sobreviviendo a la agresividad de las redes sociales y la última y fuerte lluvia de opiniones sobre mi aspecto la recibí cuando el público mexicano me conoció a través de quien es el padre de mi pequeña hija. Considerando que en el año 2021 México representó el 5,2 % del total de intervenciones estéticas realizadas a nivel global según la página Statista, se hizo sentir muy rápido la desaprobación frente a que yo no me viera, digamos… ¿perfecta?

Narices, narices, narices. Queridas y amadas narices, ¿qué hicieron para merecer esto? Mejorar la nariz es alcanzar el edén estético, la cima del cambio, el paso de bruja malvada a princesa. Si revisáramos todas las películas de Disney, encontraremos que no existe una mujer buena que tenga una nariz "fea". Solo las poseen las hermanastras malvadas o las brujas. Y al fin y al cabo esos son los ideales con los que crecen las niñitas. Una nariz pequeña y respingada es el sueño de casi todas las que nacimos con nariz "complicada". Casi siempre está mal. Si no es muy ancha, es muy larga, muy para abajo, muy hacia arriba, muy grande. Pidámosles perdón por tanto desprecio.

Uno pensaría que el tiempo te hace más sabia, pero por alguna razón recientemente mi cara comenzó a incomodarme más que antes. Probé "armonizarla" con algunos pinchazos de ácido hialurónico, una sustancia que el cuerpo absorbe casi en su totalidad. Me dijeron que era adictivo, pero no me resultó así. Mi nariz me da mi identidad, me hace pertenecer, me asemeja a las numerosas mujeres de mi familia. Me miro en fotos y hoy me siento más parecida a la tía Silvia o a la tía Claudia, tal vez cada día más a mamá. Y cuando pienso en mi hija, deseo profundamente que tenga un poco de esa nariz, la de mi matriarcado favorito.

Pero una cosa es hablar románticamente de una nariz luego de haber invertido mucho tiempo pensando en esto, y otra muy diferente es cuando tu propio cuerpo te vuelve vulnerable. Hay muchas mujeres que viven expuestas a las opiniones externas y que cuando se operan, “arreglar la imperfección” las acerca a lugares impensados de popularidad, pasan a ser bonitas, con una belleza legítima para las redes sociales y para el mundo.

No me creo especial en absoluto, pero dedicarme a pensar en cómo quiero vivir mi vida me brindó herramientas para sostener hasta ahora, por ejemplo, mis facciones naturales, lo cual no es tarea fácil, y bajo ningún concepto me da derecho a hostigar a nadie por no ser como yo. Pero para una mujer no hegemónica, en una era donde las redes convierten en *celebrity* a cualquiera, solo por responder al estereotipo, mientras sus apps favoritas le arreglan la cara por default, y mientras las mujeres más millonarias y populares possen un cuerpo que escapa hasta de la genética más privilegiada, se le hace difícil sostener la belleza natural con la que se vino.

En la misma conversación con Tokischa, ella me dijo: “Esta idea de mujer operada que tiene la gente hace que me critiquen mucho, y yo no sé qué tiene la gente con mis tetas, la gente ya no tolera la naturaleza de una mujer”. Su comentario me sacudió, porque en esa semana casualmente había pensado mucho en el cambio de mis tetas, luego de la lactancia de mi bebé. Como les dije, mi mente está lejos de ser impenetrable a los estándares, entonces, vislumbré cuidadosamente la posibilidad de intentar intervenirlas para volver a verlas como eran antes. Luego, un breve pensamiento intrusivo me dijo “y sí, ¿quizás un poquito más grandes?”.

Sigo escribiendo sin haber sucumbido a mis propios pensamientos y confirmo que el deseo de pertenecer a este grupo de mujeres bellas casi perfectas nos acosa todo el tiempo y quién sabe hasta cuándo. Quién sabe si sucederá aquello que genere que los roles cambien y en cincuenta años sean los hombres los que estén acosados por estándares. Pero, como bien lo anticipé, no sé cuál es la solución. Yo encontré la mía abrazándome al amor por sentirme parte de mi familia. Aunque todavía se me pasa por la mente la idea de que, si tan solo mejorara un poco mi rostro, quizás, solo quizás, me iría un poco mejor. Me quedan muchos años para resistir o darme por vencida y quedará registrado. Y aunque este no es un libro de autoayuda, me gusta pensar que estas palabras inviten a mis lectoras a amarse un poco más como son.

6

PREMIOS

Categoría femenina
ft. La Villana

Cada día son más los y las artistas que no se identifican con los géneros binarios, por eso me pregunto qué vamos a hacer cuando no podamos nominar a aquellos talentos excepcionales por su identidad sexual. Durante mucho tiempo pensé que la clasificación de música según identidad de género no iba a ser compatible en el futuro.

Sin embargo, mientras analizaba este tema y escribía este capítulo, se me ocurrió ponerme en contacto con Villana Antillano, una colega oriunda de Puerto Rico. Ella se consagró como la primera chica trans en el género urbano que hayan conocido las masas, luego de una sucesión de éxitos que terminaron por coronarla en una BizarrapSession, también increíblemente genial. Cuando la llamé, me dije a mí misma que era porque necesitaba otro punto de vista, otra mirada. Una tarde de agosto del 2023 mantuvimos una hermosa charla. Le formulé varias preguntas, y como no soy una periodista, realmente fueron de un estilo muy inocente, básicas.

Tenía miedo de meter la pata, porque a pesar de ser feminista y cercana a mucha gente con distintas identidades, también entendía mi propia ignorancia y limitaciones. Empecé por contarle sobre este libro y ella lo festejó, pero cuando le manifesté lo que pensaba sobre los premios y que me molestaba que siempre me nominaran a la categoría de "mejor artista urbano femenina", o "álbum femenino", o lo que sea que expresara el género, ¡pum!, dijo algo que me iluminó: "Tú necesitas la categoría femenina, imagínate si nos meten a todos en una sola categoría, ¿quiénes piensas que van a ganar?".

Fue una increíble verdad que me llevó a replantearme absolutamente todo lo que pensaba. Agregó: "Yo estoy de acuerdo contigo, pero no es el momento". Cuánta razón tenía. Y aquí es donde debemos hablar sobre la necesidad de que existan los espacios exclusivos para la mujer. Desde las *playlists* de mujeres en el reggaetón, en tal o cual plataforma, los festivales de mujeres, hasta las leyes laborales por cupos femeninos. En la Argentina hay una ley vigente desde el 2019 que indica que al menos 30 % de solistas, agrupaciones musicales de mujeres y/o personas de otras identidades de género autopercibidas, y agrupaciones mixtas deben ser convocadas para los eventos donde haya tres o más artistas. Esta ley es polémica para muchos y sobre todo para los hombres, y también debo reconocer que alguna vez también lo fue para mí.

Durante muchos años, fui la única mujer que compartió escenario con colegas hombres en los festivales más y menos prestigiosos de la Argentina. De alguna manera, percibía que ese lugar me lo había ganado con ferocidad, duramente, porque de verdad me había costado llegar hasta allí. Todo para que viniera una ley que dictaminara, de un día para el otro, que otras artistas debían formar parte de los *line up*, sin siquiera haber hecho ni un tercio de todo lo que yo había hecho. Como mínimo, se sentía raro. Internamente no estaba enojada, sino que sentía que era una injusticia. Pero mi punto de vista era totalmente corto e individualista.

Un sueño lejano

Supongamos que en aquel momento no hubiera existido otra mujer que generara la empatía con el público que generaba yo —de hecho, sí las había pero no tenían un acceso al *mainstream*—, ¿por qué en ese momento no me detuve a mirar quiénes eran los artistas que también conformaban las listas de los shows? Salvo los tres primeros, los estelares, cinco de ellos eran amigos de amigos, nadie los conocía, no eran buenos *performers*, pero no importaba. Nunca importa tanto que un hombre sea malo en lo que hace. Desde el comienzo mis shows fueron un gran espectáculo. Tenía cambios de vestuario, bailarinas, coreografías, visuales y una estética determinada. Yo ensayaba mis canciones, no usaba *autotune* y me esforzaba por ser la mejor que podía. En contrapartida, de los artistas varones, muy pocos se destacaban por sus shows, para no decir que gritaban arriba de las canciones y en ese momento se veía *cool*. Mientras que las mujeres nunca llegarían siquiera a intentar sorprender al público gratamente, ese espacio directamente no existía.

Luego de sancionarse la ley, muchas veces la evadieron. En grandes eventos, se portaron mal, incluso desde lo legal, hasta que alguien puso el ojo, hasta que las feministas volvieron a gritar fuerte y hasta que más de nosotros empezamos a comprender la importancia de que este espacio existiera. Hoy la escena cuenta con casi la misma cantidad de mujeres que de hombres y el dato curioso, o no tanto, es que casi todas las mujeres que lo conforman pueden cantar y tocar muy bien, mejor, incluso, que algunos hombres de la escena. Esto no hubiese sido posible si no existieran leyes que nos acercaran a la igualdad —porque sigue siendo, por ley, el 30 %—. Sin ese grupo de personas que se detuvieron a pensar en nuestros derechos, nada de esto sería una realidad, y por eso les damos las gracias. Hablo en plural porque quizá hoy tu artista mujer favorita no gozaría de su popularidad si no se hubiese luchado por todo esto.

Por eso, cuando La Villana me arrojó esta verdad importantísima, me recordé a mí misma que como mujer sigo necesitando de estos espacios, de esa ley, de la misma forma que necesito escribir este libro y vos quizás necesites leerlo. Se sigue necesitando de esa ley porque, sea quien sea, y haya llegado adonde haya llegado, aún soy mujer, y aún nuestros talentos y nuestro derecho a estar siguen siendo cuestionados sistemáticamente y sin cesar. Tal vez, en el futuro, un día el mundo sea perfecto y en la industria musical no existan las divisiones por género, y únicamente por géneros musicales o quién sabe cómo. Tal vez ese día llegue, pero no es hoy.

Años atrás escribí: "Pero ahora, racionalizando, nada malo podría salir de este avance, estaríamos reduciendo la premisa a 'quién hace la mejor arte' (que de por sí es totalmente subjetivo, pero forma parte de otra discusión), y de esta manera democratizar a la misma. Mejor canción, mejor video musical, mejor performance, ¿no les parece más simple?". Qué increíble el paso del tiempo y el devenir de las ideas que crecen en contacto con los otros, ahora miro a esa yo del pasado como alguien mira a un niño que dice algo inocente, y confirmo que es un sueño que aún está lejos. Que hay mucho que deconstruir en el medio y volver a construir para alcanzar la meta.

¿Lo hacemos tan mal?

Las pocas nominaciones que recibí en mi carrera fueron en categorías femeninas y nunca gané. Sin embargo, no siento que lo haga tan mal. Los premios dependen de quién te respalda, cuán importante es tu *management*, la compañía de la que formás parte dentro de la industria, y cuán importante sos vos para ellos. Hay algunos más serios que otros, o menos manipulables (pongámosle), unos donde vota el público, otros donde vota la Academia y otros donde… bueno, nadie sabe quién carajo vota. Es un ecosistema que se me escapa, que no llego a comprender del todo. Para ser honesta, estoy un poco alienada y desprendida de cómo funciona este universo que está fuera de mi alcance. Siempre los he visto como plataformas de difusión y un espacio *cool* para la moda.

En la Argentina los premios más importantes de la música son los premios Gardel. El 14 de mayo de 2019, Marilina Bertoldi, una cantante compositora de rock, ganó el Gardel de Oro y lo acompañó diciendo: "La única persona que no es hombre que ha ganado este premio fue Mercedes Sosa hace 19 años: hoy lo gana una lesbiana", y se desató la ovación. Me pregunto, ¿qué tan malas somos las mujeres en la música? Cómo podemos hacerlo lo suficientemente mal para que una organización musical nos considere tan poco merecedoras de los galardones más importantes. Antes de Marilina fueron 19 años, ¡19 años!, y pasaron otros cuatro varones más hasta 2024, cuando Juliana Gattas, que integra el dúo Miranda!, también recibió este galardón. ¿Por qué? ¿Por qué es tan complejo y por qué nadie está hablando de esto?

Celebro a sus premiados, entre ellos hay más de un colega, algunos niños con poca trayectoria y mucho talento pero, pese a que no los responsabilizo, se me hace imposible no pensar en que casi nunca, o mejor dicho, nunca es fácil para una mujer. ¿Qué sucede? Si no es el ganador un joven del mundo urbano nuevo, es un señor mayor que tiene una estantería repleta de esos premios.

Hasta el día de hoy, dentro de nuestro género "urbano", los primeros colegas en ganarlo fueron hombres. Pero el dato más curioso, y prepárense, es que en el año en que Marilina nos ilusionó ganando un Gardel de Oro, ocurrió algo diferente: ese año, por primera vez CAPIF, la Cámara Argentina de Productores de Fonogramas y Videogramas, es decir, la industria, amplió su convocatoria de jurados. "Ese año había sido la primera vez que muchas mujeres de la industria votaron como juradas. CAPIF convocó a músicas, periodistas, agentes de prensa, productoras, a sumarse. ¿Por qué antes solo ganaban los varones? Porque el jurado era casi en su totalidad varones: en un año pasaron de 100 a 400 mujeres juradas, y ahora representan casi el 50 %", dice mi admirada amiga Romina Zanellato en "Marilina de Oro", un capítulo dentro de *Brilla la luz para ellas*, su extraordinaria investigación que habla sobre el rock argentino y la invisibilización de tantas mujeres que fueron protagonistas de su éxito. Este premio fue un hecho en sí, convirtiendo a Marilina en la heroína del rock. Y yo me pregunto cuántas mujeres habrá votando actualmente en los premios de los que hablamos.

Las organizaciones que se crean para proteger los derechos de la mujer, y en muchos casos para crear derechos, y de los que tanto se quejan, incluso, a veces, no alcanzan. Y muchas de esas veces nos pasa esto, Marilina nos emociona, es una victoria para nosotras, pero le siguen cuatro años de "ellos". Me imagino que la negra Sosa emocionó a muchas mujeres y luego, 19 años de interludio... Entonces, sí. Alguien tiene que salir a revisar qué se está haciendo tras bambalinas, donde el público no ve y donde los artistas no ven aquello que no es parte del espectáculo.

Mientras tanto, nosotras trabajamos en nuestra música buscando alcanzar esa excelencia de la que tanto hablamos, ese nivel que es el que recién nos habilita para ganar algo. Porque en nosotras tiene que valer, valer realmente lo que vale. Los hombres cuentan con más acceso a los premios, incluso con mediocridad. Muchas de nosotras no sabemos lo que realmente sucede mientras simplemente soñamos con espacios que al parecer seguirán negándonos.

7

FRONTEO

> "Si tienes 60 y te endiablas cuando una
> mujer frontea.
> Es que no has aprendíona' o es que tienes
> un problema".
>
> ROSALÍA, "SAKURA"

A ti te queda bien ese fronteo

El fronteo en la música es la actitud de superioridad, ese vanagloriarse por encima de los otros con mucho estilo y siempre tiene que ver con el aspecto económico. "Se llama 'fronteo': cómo Bad Bunny presume de dinero, posesiones y poder sin parecer un cretino", dice un titular del diario *El País* con fecha en octubre del 2023. Estos temas son troncales en el contenido de las canciones: cuántas mujeres tengo, cuánto dinero tengo, cuánto poder tengo que casi siempre se remata con un "¿ustedes qué tienen?".

No es que necesariamente se tenga que competir directamente con alguien, se trata de un aire de grandeza que funciona también como recordatorio para uno mismo. Y si ustedes son del grupo que se pregunta por qué en estos géneros casi todo se trata de dinero, es fácil darse cuenta de que los orígenes de la mayoría de los artistas son más bien precarios. Nuestros raperos y reggaetoneros favoritos son grandes ejemplos de superación, pasando de la pobreza o la austeridad a la riqueza. Quizás hoy hay nuevas corrientes de artistas urbanos, ya que las herramientas son más y más accesibles. Incluso, algún que otro aburrido con dinero se decide a ser cantante urbano. Pero en realidad, las canciones que rebalsan deseos de abundancia económica nacieron de un sueño loco que se hizo realidad.

El ingrediente más importante es la cuestión de clase: el reggaetón y el trap son géneros marginados, aunque sean sumamente populares, al igual que la cumbia o el hip hop. Cuando existen las ganas de hacer música y no se cuenta con las herramientas, ¿cómo se hace? Cuando las condiciones vocales no son suficientes o no cumplen las expectativas, ¿debo dejar de soñar con ser músico? Entonces, estos géneros se convierten en un espacio libre, donde las carencias se convierten en creatividad. Aunque el aspecto socioeconómico genere discriminación. De esa discriminación nace, de manera contestataria, este deseo de tener mucho, de poder demostrar que en la pobreza y la precariedad existen posibilidades. Es difícil pensar que una persona que no se debe preocupar por el dinero, porque su contexto es privilegiado, haga música basada en el deseo de poseer riqueza.

Si quieren frontear, gatas tengo un montón
Pasto tengo un montón, palo' tengo un montón
La saqué del parque con un homerun
Ser yo está cabrón, ser yo está cabrón.

(Duki, en "Si quieren frontear", con De La Ghetto y Quevedo)

¿Y qué pasa con las mujeres? Así como el dinero no representa lo mismo para las mujeres que para los hombres, el fronteo tampoco es una actitud que se manifieste de la misma manera en ellos y en nosotras. Ganar dinero para una mujer implica mucho más esfuerzo, desventajas y obstáculos, sobre todo si hablamos de mucho dinero. El lema de la ONU para el Día Internacional de la Mujer del año 2024 fue "Invertir en las mujeres: Acelerar el progreso", dado que, según el Fondo Monetario Internacional, menos de la mitad de las mujeres participan activamente en el mercado laboral mundial, frente al 72 % de los hombres. Harían falta otros 131 años para alcanzar la paridad de género, según el Informe sobre la Brecha Global de Género 2023 del Foro Económico Mundial.

Alter ego

Antes de que mi carrera musical empezara a dar frutos, transité por muchos y diferentes trabajos. Cuando tenía 19, 20 años, fui promotora de discotecas, financieras y eventos de Racing. Era una de esas chicas que salían a entregar volantes por la calle con ropa ajustada. Mientras tanto, estudiaba cine y tocaba con mi última banda de cumbia, pero no daba margen como para ganar nada. Enseguida supe que el mundo de las promociones se codeaba con peligros a los que no quería estar expuesta, y cuando perdí mi banda y necesité dinero para seguir grabando, empecé a pintar cuadros por encargo.

Yo no trabajaba para comer, de eso se encargaba mi familia, y era la condición para que estudiáramos. Pero el dinero apenas alcanzaba para sostener la casa y no así para mi arte, que necesitaba de inversión. Al mudarme a Buenos Aires empecé una carrera nueva en Diseño Multimedia y rápidamente conseguí un trabajo como fotógrafa, *filmmaker* y diseñadora gráfica para una banda de cumbia bastante popular en ese entonces. El dinero que ganaba siempre lo invertía en algo relacionado con mi música y así fui pagando las producciones de mis primeras canciones como Cazzu.

Después de perder mi último trabajo por problemas con mis empleadores, mi estadía en la gran ciudad se vio amenazada. La condición había sido estudiar y yo había abandonado mis estudios para irme por Europa a registrar la gira de unos locos, que no me trataron muy bien que digamos y que después me echaron. Temía que esto impactara muy mal en mi mamá, quien seguramente querría que volviera al pueblo, y solo imaginarme atendiendo la panadería familiar, y abandonando mis sueños, me desesperaba.

Como por arte de magia, un amigo me dijo que buscaban diseñadores gráficos en una empresa en el barrio de Flores, y aunque no era para lo que había estudiado, sabía hacerlo muy bien y me contrataron. Allí pasé aproximadamente un año trabajando, y mi jefa me permitía vender diseños a algunos clientes y obtener un extra. Ella veía en mí un potencial y yo podía sentir que como mujer quería verme explotarlo. Así fue como me dio más trabajos en otras áreas, y hasta me invitó a participar de algunos negocios a los que no accedí, porque eran dudosos, y porque yo tenía un objetivo definido.

En ese período me inventé profesiones como organizadora de eventos protocolares y alguna otra cosa que me resultó bien y pude ahorrar. Así pagué la mayoría de las canciones de mi disco *Maldade$* y mi primer videoclip, "Más". Recuerdo la sensación de libertad que me alejaba de la culpa que me generaba el esfuerzo de mis padres cuando mis sueños no se alineaban con las expectativas. En la oficina, poco a poco fueron descubriendo mi alter ego y cada día se tornaba más insoportable no poder vivir de mi arte. Ya tenía 23 años y trabajaba por la mañana, grababa por la tarde y regresaba por la noche a mi casa después de varios kilómetros recorridos por la ciudad.

Al estrenar mis primeras canciones corrí al registro de obras y seguí todos los pasos para tener mi patrimonio a salvo, me asocié a una persona que sabía manejar plataformas y así llegó el primer pago. No lo podía creer: mis primeros ingresos por la música, unos 30 mil pesos argentinos. Hoy parece poco, pero entonces representaban tres meses de mi sueldo en la oficina.

Yo estaba sola en Buenos Aires y tomé un colectivo hasta aquel bar donde me pagaba Marcelo, quien tenía su pequeña *network*. Fue un día glorioso, ¡había llegado!, cuántos miedos, cuántas sensaciones.

En el segundo trimestre cobré el doble, justo cuando la empresa en la que trabajaba comenzó a tener problemas. Me volvía a quedar sin trabajo "estable", pero al mismo tiempo la música se volvía al fin un sustento. Pronto apareció "Loca" y todo cambió.

Al principio no tuve tiempo para pensar, el dinero llegó rápido en forma de muchos billetes. Volvíamos de las giras en discotecas (a veces a las 10 de la mañana, otras a las 12 del mediodía), que fueron nuestra primera experiencia en shows. A veces dos, tres shows por noche de unos 30 minutos de duración, a varios kilómetros uno del otro. Yo no aceptaba más de tres discotecas por noche, porque conocía ese mundo. Ya había formado parte del ambiente cumbiero en la Argentina y había visto la cantidad de peligros a los que te exponían por llegar a tiempo y con la energía necesaria. Mis colegas que recién empezaban, en cambio, estaban eufóricos, inmersos en los excesos porque los ayudaban a cumplir. Obviamente recogían mucho más dinero que yo. Pero esa primera actitud me diferenció de mis compañeros, sumado a que yo era la única mujer en esta primera formación de artistas de trap que recorrí el mismo circuito que ellos.

Prioricé mi salud física y emocional por sobre ganar más dinero. Pensaba en el futuro, estaba segura de que cantar en discotecas era tan solo el primer paso. ¿Lo hice porque era mayor que ellos? ¿Lo hice porque ya conocía los peligros de esos circuitos habiéndolos transitado primero como *filmmaker*? ¿Lo hice porque las mujeres somos más prudentes? Quizás fueron todas estas cosas, y mi constante miedo a perderlo todo, lo que me llevó a asumir un alto nivel de responsabilidad. Es un sentimiento que seguramente a muchas mujeres les resultará conocido.

Fantasías

Perder lo que me había costado años y años obtener fue siempre una amenaza, y aún lucho contra ella. Hubo hombres que creyeron en mí e invirtieron lo poco que tenían, pero la frustración y la dificultad por venir de un lugar donde no se supone que nacen estrellas pudo más.

Mi primer proyecto, mientras cursaba la escuela secundaria en mi provincia, se desarrolló en una habitación pequeña con las paredes forradas con maples de huevos para mejorar la acústica. Quedaba arriba de la casa de los padres de Chu, en una calle de tierra donde jugaban niños, deambulaban perros hambrientos y alguna que otra gallina. Pero ahí también sobraban ilusiones, y mi pasión tomaba una fuerza que me llevaría lejos.

En mi último proyecto musical, ya mudada a la provincia de Tucumán y un poco mayor, tomaba un autobús que salía de la ciudad y entraba al pueblo de Lastenia, un lugar precario y polvoriento, pero ahí contábamos con un estudio de grabación bastante bien equipado, algo que jamás había visto. Y aunque a veces se paseaba algún que otro ratón gigante, teníamos todo excepto la fórmula para crecer más. Esta fue mi última banda antes de Cazzu, la última desilusión antes de abandonar el norte de la Argentina para atreverme a la gran ciudad. La cuestión es que ya llevaba cinco años de un lado al otro recorriendo senderos musicales y jamás había visto un solo peso. Cuando el trap nos disparó a la fama, fue la primera vez que pude probar que podía volverse una fuente de dinero.

En aquellos años cuando empecé, el primer show en Buenos Aires fue en el marco de la primera gira de Bad Bunny en la Argentina. Él hizo el mismo recorrido de varias discotecas por noche, y mi mánager, Leo, consiguió que me dieran un espacio en una de ellas.

En aquel momento, un artista como él estaba bastante lejos de nosotros, y ni siquiera nos permitían permanecer en el mismo sitio antes de que su equipo llegara. Antonela, una amiga, me acompañó en nombre de Leo, que esa noche debía estar con su artista principal, y fingió ser mi manejadora para gestionar el cobro del escaso dinero que nos pagarían. Ella se ocuparía de eso mientras yo estuviera dando el show. Creo que haber visto a mi mamá siempre bien plantada ante hombres en sus negocios me ayudó a naturalizar el poder en una mujer, pero claro que los contextos no eran los mismos, y fue una imprudencia que una mujer esbelta, rubia, de pelo largo, joven y muy bonita quedara sola en una habitación con un par de tipos mayores y bolicheros. Que se efectuara el pago fue difícil, y el acoso fue inevitable, pero ella regresó con el dinero. De allí en adelante, Leo siempre nos acompañó. Aun así, en las discotecas siempre sucede alguna que otra cosita, pero no es lo mismo que la cara la ponga un varón de buen porte —con jerga barrial— y con experiencia, que una mujer, y sobre todo joven. La formación del equipo era de dos bailarinas, una fotógrafa, una DJ y yo. Y por más autonomía que deseábamos tener, sabíamos que, si no queríamos atravesar peligros en un ambiente tan hostil como el de la noche, necesitábamos al menos un hombre.

En la vida, el dinero es sinónimo de éxito y poder, y, particularmente en la vida de las mujeres, el dinero es sinónimo de libertad. Es probable que muchas de nosotras hayamos crecido viendo situaciones de vulnerabilidad en las mujeres que nos rodeaban. Desde madres y abuelas, hasta historias de novelas, y cualquier historia de formación que fuimos recolectando a medida que crecimos. En todas había un hombre como centro, el que proveía el sustento familiar. En mi casa, mis padres se divorciaron cuando yo tenía 9 años, mi papá manejaba un camión de carga y mi mamá se dedicaba al comercio. Ella tenía iniciativas novedosas y fue pionera en el pueblo por crear negocios que no existían. Mi papá la apoyó hasta que se separaron y luego ella siguió por su cuenta un poco más presionada, pero pudo. Una vez me confesó que cuando se quedó sola fue cuando realmente se dio cuenta de lo difícil que sería.

Yo siempre vi a mi mamá trabajar, trabajar mucho y criarnos, no fue una tarea fácil y nadie te da las gracias por criar y mucho menos te paga por eso. Mi papá también trabajó mucho pero no estuvo presente en nuestra crianza, lo que marcó una gran diferencia. Pese a que mi mamá se la pasaba trabajando, también la vi sufrir violencia económica por hombres cercanos. Entonces, cuando se daba la oportunidad, ella nos sentaba en la mesa y nos decía a mi hermana y a mí: "Ustedes nunca van a depender de un hombre. Van a estudiar, trabajar y van a tener sus cosas y sus propias herramientas". Mis tías trabajan, mi bisabuela trabajaba, mi abuela también y ocupó cargos importantes en la docencia en nuestro pueblo y otros lugares. Con el tiempo combiné esta cultura del trabajo que había aprendido con la de la educación. Aun así, son pocas las veces que una se siente realmente preparada para fundar una empresa donde la materia prima es una misma. Es difícil apoyar un sueño que parece demasiado enorme para una niña de pueblo y se percibe así, como "un sueño", y los sueños casi nunca están enlazados con una estructura comercial, porque así perdería lo romántico, lo idílico. Con el tiempo entendí que ese puente se llamaría educación financiera.

Chapiadora

En el auge del movimiento, percibí una diferencia de comportamiento muy grande entre los varones y yo. Y a medida que se sumaban más mujeres, notaba más esa diferencia. Se trata de la inversión desproporcionada que hay en nuestras carreras en relación con las de ellos. Las mujeres solemos invertir mucho más dinero que los varones, se podría decir que existen excepciones, claro que existen, en casi todas las problemáticas que abordamos aquí, pero son muy pocas. Una mujer que apenas empieza su carrera ya sabe que necesita "verse bien" y para eso precisa maquillaje, peinado y ropa nueva. En el trap, los pibes podían usar la misma ropa treinta veces seguidas y se hablaría muy poco de eso, más bien pasaría a ser parte del sello de artista. Las mujeres estamos en constante revisión estética sin importar el nivel en el que se encuentre tu carrera, si se busca aceptación, se necesita esa inversión, la presión proviene de todos lados.

Para las mujeres, el fronteo es relativamente nuevo porque el espacio también es nuevo. Y el significado del dinero cuenta con muchos otros significados más. Llega primero en las canciones quizás, cuando creamos decretos y los plasmamos como un recordatorio para nosotras mismas. Allí dentro siempre se carga con la necesidad de igualdad, como Karol cuando cantó:

Yo también tengo una Jeepeta
La tengo fuleteá con toa mi'shortie'

en "Bichota", que parecía sutilmente una respuesta a la popular canción "La jeepeta Remix", con Nio Garcia x Brray x Juanka x Anuel AA x MykeTowers, estrenada en 2020.

En mis canciones me refiero muchas veces al dinero como recurso, característica típica del trap y el reggaetón, cuya cultura, malamente, se lee como frívola y superficial. Expreso cuánto dinero quiero, cuánto me importa, todo lo que voy a hacer con él, y para mí, el origen de todas estas canciones se halla muy lejos de ser una cuestión superficial.

Chapi, chapi, chapi, chapi
Pensando en el money papi a todas horas
Tengo una gata que cuenta billete' todo el día, parece contadora
En la cartera va un rimel, labial, perfume y una calculadora
Chapi, chapi, chapi, chapi
Las que cuentan money son las que no lloran

Dice el coro de "Chapiadora", una canción que estrené en 2018, cuando el ingreso económico que recibía de la música era muy poco, aunque empezaba a figurar como artista, y ese ya era un paso que cambiaba mi historia. Por aquel entonces, la escena empezaba a surgir desde todos los rubros y entre gente del cine, del estilismo, del *make up* y otros, nos intercambiábamos trabajo por exposición y así cada uno colaboraba para un fin colectivo.

Regresando a la canción, "chapiadora" es un término dominicano que escuché por primera vez en la canción "Chapi Chapi", interpretada por Messiah y Farruko, y cuyo video comienza con una persona explicando qué significa: *Es una mujer que te pela los bolsillos*, y aparece como modelo principal del videoclip Cardi B, antes de su megaéxito como rapera o, por lo menos, antes que yo supiera quién era ella. Según la plataforma de YouTube, este video fue publicado en el año 2015, más o menos cuando el trap latinoamericano empezaba a irradiar sus primeros destellos.

Mientras Messiah dice: *Si tú no tienes dinero es mejor que ni la mires*, arroja unos billetes en el culo de Cardi B y ella baila. La canción retrata a una mujer materialista que con artilugios y encantos consigue que la costeen. Igual que Cardi, la mujer que chapea, según la mayoría de estas canciones, son mujeres sensuales, imponentes, voluptuosas y atrevidas. Ellas buscan una mejor vida y la consiguen a través de ellos.

Ni tetas grandes, ni un culo gigante, ni la más bonita de todas, nada de eso era la chapiadora que yo construí, resignificar las cosas a mi modo es parte de mi proceso creativo. En mi canción yo soy mi propio sustento, y aún más, mi propia consentida: *Quiero en un Rolex fijarme la hora.* Pero quería comprármelo yo, y quería enseñarles a mis chicas, las que me siguen, que *hay poco tiempo para hacer plata*, y contarles que en la cartera yo llevaba *el rimel, el labial y la calculadora* para que la cuenta no me falle.

Esta canción representó en aquel momento una buena inspiración financiera para las mujeres que me escuchaban. Teniendo en cuenta que no hablaba de amor o de una ruptura, solo del deseo de ser rica y valiente, es una canción que me sorprendió por el éxito que cosechó en proporción a las bajísimas probabilidades de que eso sucediera.

Lo que nadie sabía hasta este momento es que la inspiración de chapiadora la saqué de un evento tragicómico que ocurrió por aquel año cuando di un show muy precario en la fiesta de unos drogadictos con fantasía de empresarios, como casi todos en el trap en aquel momento. Mi DJ, mi fotógrafa, mi amiga y yo nos aventuramos a un par de kilómetros de casa para dar un "show" —si es que se podía llamar así— que se desarrolló en el piso de un salón vacío de escuela casi abandonada ante cuarenta personas. Al finalizar la actuación y después de chillar un poco, fuimos por el pago y el muy chistoso personaje que organizaba el evento nos responde que no tenía el dinero, que además era poquísimo, muy muy poco, ¡poco en serio!

Aunque en aquel momento esto podía ser usual, en esa ocasión lo necesitábamos porque estaba destinado para volver a casa en un taxi, que era para lo único que alcanzaba y ninguna tenía otra forma de resolverlo. En aquella aula de escuela que él había ordenado como oficina, mientras me explicaba desesperado que no había conseguido reunir el dinero, cosa que yo no podía aceptar, la conversación empezó a ponerse fuerte. Entonces Flor, mi amiga que jugaba a ser mánager, y yo, nos plantamos y les pedimos a la fotógrafa y a la DJ que salieran —porque eran las que poseían equipos valiosos— con un: "Suban al taxi, ya vamos".

Cuando este personaje me dice "tengo que vender un montón de droga para pagar todo", me enojé. Le discutí, le recordé que eso no era lo pactado y luego me desafía: "Juli, no me hagas ponerme en puta", y entonces me enojé más. Dramaticé un montón porque él, les juro, era una persona cero por ciento amenazante, entonces arrojé al suelo todas las botellas vacías de cerveza que tenía en la mesita que nos separaba y le dije: "¿Vos querés ver lo que es ponerse en puta?". Honestamente, solo fue un acto novelesco sin sentido, pero en mi cabeza sonaba bien y fue entonces cuando entró alguien con el dinero de lo que se había vendido en la barra, el organizador lo recibió, contó, sacó un par de billetes y dijo que eso era lo que podía darnos. Totalmente decidida, Flor le arrebató todos los billetes de las manos y más que airosas, con actitud matona, nos fuimos.

De regreso a casa no paramos de hablar de la escena dantesca que habíamos vivido, nos reímos, nos sentimos poderosas por la actitud que decidimos tomar, y obvio, también porque salimos ilesas, y aunque el dinero no estaba completo, la anécdota lo valió. Así era en los inicios, una recopilación de historias, algunas chistosas y otras no tanto.

Yo quedé molesta porque no nos había pagado el total y sabía que uno de mis amigos ya había tenido problemas con él, entonces lo perseguí con amenazas, respaldadas por un rapero al que sí daba miedo molestar, por un tiempo, hasta que se tornó aburrido. Pero la idea de esos días vividos quedó flotando en mi cabeza, y días después fui al estudio y nació "Chapiadora". *Making money move. ¿Que no están todos mis billetes?*

EQUAL

En la industria musical, casi todos (y digo "casi" por la prudencia de contemplar a un posible 1 %) hemos experimentado fraudes y zonas ambiguas que nos dejaron muy mal parados en cuestiones monetarias. Existen casos públicos de muchos artistas que eligieron hablar de sus experiencias con respecto, no solo al dinero, sino a los derechos. Algunas de esas guerras se hicieron conocidas, por ejemplo, cómo una empresa se queda con material o derechos que al artista le resultan injustos.

Aquí me atrevería a decir que no importa con qué género te identifiques, siempre vas a tener una experiencia de este tipo. Con el tiempo y la ayuda de un equipo bien preparado, aprendí a comprender el funcionamiento de la industria musical, aunque con tropiezos. Para todos es importantísimo entender cómo manejar las finanzas, pero para una mujer es doblemente importante entender el mundo económico que habita para, paso a paso, reivindicar sus capacidades, transmitírselo a otras y, en el mejor de los casos, acelerar los malditos 131 años que según los expertos nos faltan para alcanzar la equidad económica.

Los artistas a los que nos va bien ganamos mucha plata, pero así como viene se va en inversiones y gastos que requiere el trabajo de producir arte. Te entusiasmás cuando te dicen que te darán medio millón de dólares de adelanto por un disco, pero resulta que, con sus respectivos videos, promoción, *master*, mezcla y etcétera, la suma resultará en un costo de 300 mil, y el resto, mejor que lo administres bien. Quien lea esto dirá que 200 mil dólares es muchísima plata, y claro que lo es, pero en la vida de nosotros, los gastos de movernos y mover nuestro arte son totalmente exorbitantes.

Esto, sumado al riesgo de que la música puede no funcionar como única fuente de ingreso, al punto de recuperar el gasto en varios años. La música como patrimonio no es de donde más se obtiene, en la mayoría de los casos son los shows en vivo y patrocinios que el artista pueda adquirir, los que a su vez están distribuidos entre los distintos agentes que intervienen en el cierre de esos negocios. Aun así, la brecha de género en la música existe pese a los que intenten desmentirla, y como mencionamos varias veces en el libro, está totalmente condicionada por la desigualdad de exigencias artísticas entre hombres y mujeres.

Esta desigualdad se advierte de forma más sobresaliente en los puestos que rodean al artista, y pese a que cada día hay más mujeres ocupando cargos de producción y técnicos, este espacio debe estar constantemente vigilado por nosotras, las artistas mujeres, responsables de preservar el lugar para que más de nosotras cuenten con la oportunidad de desenvolverse en áreas anteriormente reservadas para hombres.

Todavía no hay una mujer productora musical en el género urbano que se destaque, en mi vida solo una vez me topé con una mujer ingeniera en un estudio en Miami. Cuando entré a las oficinas donde se cocinan las decisiones, no había mujeres en la mesa chica decidiendo el próximo movimiento estratégico más que yo. Ahora mismo, 23 de septiembre del 2024, mientras edito, corrijo, reescribo estas páginas, tomo mi celular y decido chequear las dos plataformas más importantes y consumidas en la música digital. Abro Spotify y voy a Mansión Reggaetón, la *playlist* más importante de dicho género, que cuenta con 9.678.068 veces guardada. En ella hay treinta canciones, de esas treinta solo hay cuatro mujeres presentes y no en solitario, sino en colaboración con hombres. Anitta junto a Peso Pluma, María Becerra junto a Trueno y Big One, Karol G junto a Cris MJ y Ryan Castro. Esto representaría menos del 10 % de presencia femenina en la *playlist* más importante del reggaetón.

Hago lo mismo con Dale Play!, que encabeza una de las listas más escuchadas de música latina del momento, Dw Apple Music. En las 103 canciones y 5 horas con 41 minutos que dura, solo en 12 canciones hay presencia femenina. Karol G tiene seis apariciones, tres en solitario, dos colaboraciones con hombres y una con una mujer. Young Miko aparece tres veces, dos acompañada de Feid y una de Bad Bunny, sin ninguna aparición en solitario. Anitta participando en "Bellakeo" con Peso Pluma, y Kenia Os en "Tommy y Pamela" junto al mismo artista, y por último, Rosalía, junto a Rauw

Alejandro en “Beso”. La presencia femenina representa un porcentaje ínfimo en este importante espacio.

Actualmente se sumaron muchísimas más mujeres en el reggaetón, pero en estas *playlists* hay mucha presencia de artistas masculinos nuevos, en contraparte con las mujeres, que son artistas muy consolidadas. Debemos considerar que ambas listas son seleccionadas por editores que forman parte de la estructura de estas empresas, y como dice en la descripción de una de las plataformas: “Nuestros editores alrededor del mundo saben todo acerca de música y cultura”. Yo convoco a replantearnos la concepción de cultura, para que las mujeres seamos una parte más importante de ella.

Otro dato de color es que mientras exploraba estas *playlists*, alguien de mi equipo me sugirió que no lo escribiera, ya que como artista necesito de la simpatía de las plataformas. Mi respuesta para él y para las plataformas es que no estoy ejecutando un ataque, sino una invitación a la inclusión, que es básicamente de lo que trata este libro.

Lo que sucede en las plataformas es solo una referencia más para mostrar que, como la música genera dinero, se podría decir que el mayor ingreso económico que se ve reflejado aquí es proveniente de hombres, y es así como las posibilidades de representar una parte importante de la fluctuación económica en la industria de la música urbana queda coartada por el criterio selectivo de algunas personas, las que probablemente no reconocen tal problema.

Pero siempre hay un pero que vale. Estas plataformas también están al tanto de las problemáticas, y con perspectiva de género se crearon varias listas donde predominan las mujeres. Un ejemplo es EQUAL, de Spotify, que promueve iniciativas muy favorables como festivales, y brinda espacios a mujeres que difícilmente serían visibilizadas desde otros lugares. La importancia de estos espacios es crucial y agradecemos tener donde escuchar más música de mujeres que nos inviten a descubrir artistas que nos pueden encantar.

Reinventar los filtros musicales no solo depende de la plataforma, que es la última instancia de un largo camino de producción y comercialización, porque la canción ya salió. Se debe invertir en mujeres desde el inicio de sus carreras, desde sus primeros destellos de talento, y así ir pasando por cada sector de la industria con mayor objetividad y más perspectiva de género, para también acortar la brecha en la que los hombres son la principal fuente de ingresos de dinero en este género.

8

COMPOSICIÓN

Barras y destreza

En la composición musical, hay un universo de posibilidades que se pueden combinar para crear una canción. Antes, algunos componían la música, otros escribían poemas, y un cantante los unía. Hoy existen miles de métodos que podría mencionar y aun así la lista estaría incompleta. Desde aquel momento fundacional del trap, escribir lo que cantás es una regla vital. Tus barras son las que te definen, es la manera en la que la gente te entiende, conoce tu proyecto, tu mensaje, tu intención. Para mí siempre fue importantísimo lo que iba a decir, así fuera un mensaje vacío: sería el mejor mensaje vacío que yo pudiera fabricar. Siempre fui consciente de que la relación más importante que conseguí crear con mi público primero se dio por lo que estaba diciendo en la canción, segundo, por cómo lo estaba diciendo, y después por todo lo demás.

Mientras nuestro movimiento crecía, también lo hizo el mundo de las "reacciones", esos videos donde ciertas personas por primera vez opinan al escuchar nuestra música. No necesariamente con conocimientos musicales, de hecho, casi nunca. Allí se despliegan conversaciones con respecto a "las barras", los *flows*, el *punchline*, es decir, los elementos de la composición en el género. La cuestión es que casi nunca se hablaba así de mis canciones. Yo era primero una mujer y después, lo que estaba haciendo. Recuerdo mirar todas las reacciones, esperando ansiosa a que alguien mencionara el excelente juego de palabras que había creado, o quizás la cadencia con la que había dicho tal o cual cosa. Pero siempre se dispersaban con algún otro detalle que no tenía nada que ver con mi composición, quizás se mencionaba que el *beat* estaba hecho por tal hombre, o se referían a un video.

Dentro del estudio pasaba algo similar, se solía escribir en el mismo momento lo que íbamos a grabar y a veces con varios colegas del equipo a la vez. Entonces cada uno creaba su parte y sucedía que cuando alguno de los pibes mostraba lo que había compuesto, la reacción de los demás era como la de una ovación muy futbolera: "Nooo amigo, ¡increíble woooo!". Y se imaginarán que, bueno, eso tampoco pasaba mucho cuando yo mostraba lo mío.

En general, porque lo que yo decía jamás iba a representarlos a ellos temáticamente, pero ¿por qué mi destreza quedaba invisibilizada? ¿Mi voz era demasiado tierna? ¿Lo que decía era demasiado explícito al punto de ser incómodo? ¿Ellos tenían claro qué era lo que les generaba rechazo?

Por entonces, en los grupos de colegas yo era casi siempre la mayor y ya tenía mil aventuras que se sumaban a mi experiencia. Me había ido de un pueblo chico a mil quinientos kilómetros de mi familia, hacia la grandísima ciudad. Ya había formado parte de más de cinco bandas de distintos géneros en distintos lugares del país, tenía tres discos grabados y había escrito muchas canciones. La mayoría apenas empezaba a experimentar con la música, algunos habían saltado a la fama con su primera canción y, aun así, todos querían enseñarme cómo ejecutar mi trabajo. Lamentablemente, aunque yo fingiera muy bien, lograban hacerme dudar. Peor aún, lo que más claro me quedaba es que jamás lo iba a hacer como ellos porque me faltaba algo entre las piernas.

Un día estábamos reunidos en un antro de mala muerte casi toda la escena del trap argentino y mientras sonaba una de Migos, un colega se acercó por primera y última vez en toda la noche para decirme: "Cuando rapees así, vas a ser una jefa". Yo sonreí sarcásticamente entendiendo que mi timbre de voz jamás sería como el de Offset o el de Quavo, estaba claro lo que intentó decir. Yo no podía llegar a ser una jefa de una manera biológicamente posible según él, y aquí estamos...

Como esa historia, tengo una colección, pero luego vino la instancia en la que mi música se empezó a exportar. Allí comenzaron a existir las reacciones a mis rapeos y mi *flow* por parte de youtubers de otros países. También fue importante que mis nuevos colegas mc hicieran sentir que la virtud de saber cantar ya no era una debilidad, sino una fortaleza. En cambio, en el trap local, mi voz dulce, mi timbre, mi volumen, mi relación carente con las drogas y con las actitudes autoflagelantes fueron un motivo de desprestigio.

De a poco, se empezó a abrir el panorama, pero no faltó mucho para que llegara mi primera experiencia machista en la capital de los sueños de quienes amamos el reggaetón: Puerto Rico.

Los compositores me explican cosas

Una de las primeras veces que visité la isla fui invitada a un importante estudio del género por parte de un amigo productor. Nos metimos en el estudio más pequeño del complejo y él tenía la indicación de mostrarme canciones. Le dije que quería que creáramos algo de cero, algo más violento y callejero. Cuando estábamos empezando, llegó el compositor de los éxitos de ese sello. Al entrar, saludó al productor, pero a mí me ignoró por completo. Luego, sin reparo alguno, abrió unas canciones en la computadora. Primero me mostró una de una colega que saldría pronto. La siguiente fue la que había elegido para mí, se trataba de un reggaetón *soft*, bien "femenino".

Él seguía evitando el contacto visual conmigo, era más que raro. Mientras tanto, sonaba algo como: *yo tengo mi dinero, soy una chica mala, bla, bla…* Yo, que ya estaba bastante molesta, le señalé al compositor que las dos canciones que me estaba mostrando eran iguales, la de mi colega que estaba pronta a estrenarse y la que me ofrecían, y que todo esto que decía la letra ya lo había dicho el año pasado, estaba pasado de moda. Se levantó y se fue. Por un problema técnico debimos pasar con mi amigo al estudio en el que ahora estaba el compositor y allí tuvo una actitud grosera con quien era mi *filmmaker*, entonces me paré y dije: "Nos vamos". No le gustó el no. No le gustó que yo reaccionara a su comportamiento estúpido. Tanto fue así que más adelante se dedicó a comentar publicaciones sobre mí de manera negativa. La herida a su ego fue severa.

Hay un comportamiento muy común entre los compositores hombres con los que tuve la posibilidad de trabajar, y es que ellos siempre parecen saber mejor que nosotras lo que las mujeres queremos decir en una canción. Lo que nos sirve, lo que necesitamos. A esto le llamamos el famoso *mansplaining*, y la periodista estadounidense Lily Rothman lo define como "explicar sin tener en cuenta el hecho de que la persona que está recibiendo la explicación sabe más sobre el tema que la persona que lo está explicando. Este comportamiento suele darse de forma habitual por parte de un varón hacia una mujer". Obviamente que cuando una adquiere más éxito, las maneras de decir esto cambian, pero no deja de suceder.

Es por la pasión que me genera, y también por este tipo de experiencias, que elegí siempre componer lo que canto, mejorar, superarme, explorar. En la industria siempre llega el momento en el que involucrar otros compositores suma a tu proyecto, te acerca más a la posibilidad de éxito porque son otros los que tienen las "fórmulas". Aunque, sinceramente, no son muy difíciles de imitar en el urbano. Se van poniendo de moda cierto tipo de melodías, cierto conjunto de acordes, ciertos estilos, y siempre la mayoría de los que componen son hombres, con la excepción de algunas mujeres que para ocupar ese espacio tuvieron que ser exageradamente excelentes. Pero yo amo componer, pensar la idea, seleccionar la palabra que mejor quede en la nota y la cadencia en el *flow* que fui armando. Es un proceso hermoso por el que tengo un gran apego.

Letra, cuerpo y pensamiento

La industrialización del trap y el reggaetón llegó con un poco de *delay* a mi país, lo que de alguna manera colaboró para que toda mujer que quisiera formar parte del género tuviera que componer y aprender a hacerlo sola. Eso trajo una generación de un muy corto periodo, después del que yo empecé, que sabía componer y que contaba con su sello, una particularidad muy valiosa. En otros lugares el mercado estaba muchos años adelantado y se había convertido en un nuevo pop, por lo que muchas artistas ya poseían sus proyectos fabricados por otras personas muy talentosas que colaboraban entre sí para el éxito de quien pusiera el cuerpo y la energía de conectar con el público. Con esto no quiero decir en absoluto que está mal o que pierde valor trabajar con compositores, existen grandes cantantes con destreza increíble que no componen, pero que son inteligentes dando directivas, seleccionando las canciones e interpretándolas. Del otro lado, también existen grandes compositores que no tienen el don de cantar, o quizás el de conectar con el público. Hay momentos en que un compositor está en su *peak* y otros en los que no, todo es posible y todo es válido en este mundo.

En mi caso, estaba en juego que decir exactamente lo que pensaba era y es igual de importante que mejorar en el canto y en el oído. De todos modos, tengo la sensación, y quizá la certeza, de que cualquier mujer que canta o rapea posee la capacidad de escribir y componer, aunque le hayan señalado lo contrario.

Sin ir más lejos, pienso que todas las personas pueden componer una canción porque hoy la música es más democrática y las herramientas están a un clic, y gratis. Canta el que no sabe, canta el que sabe, compone versos el que no terminó la primaria y el que estudió Letras o lee partituras. Algunas cosas tienen color de injusticia, pero hay que ser cuidadosos con el juicio que realizamos sobre la música de los demás. Como yo reniego de la música solo con fines comerciales y descartable, de malos raperos con malos versos que están hiperpegados, seguramente haya alguien renegando de mí.

Tanto como este libro, mis canciones son mensajes que quiero darle a la gente. Vivo orgullosa de ponerles letra a los pensamientos y a las experiencias de muchas mujeres, de muchas personas y más orgullosa estoy de que hayan sido una herramienta de construcción de cosas que no estaban, y de deconstrucción para las que estaban mal. Muchas veces encuentro resabios de palabras mías en versos de otras y eso me alegra, porque el mensaje se expande, primero con mis textos, luego con los de otras. Yo también me inspiro en otros, y servir de inspiración para quienes tienen el don de la palabra es uno de mis más grandes éxitos y lo abrazo con amor y responsabilidad.

Desde mis comienzos, tuve miedo de que mis letras condicionaran mi éxito y me crearan enemistades. Pero a pesar de ese miedo, dije lo que quería y cómo quería. Todavía lo siento, porque las mujeres siempre estamos en la mira, en tela de juicio. Antes temía ser juzgada por componer con crudeza y agresividad, por lo explícito de mis canciones, hoy temo ser juzgada por componer más suave, menos hostil y más dulce. La verdad es que todo nos lo cobran, hasta el hecho de hacerlo bien. Muchos esperan mi fracaso, mi tropiezo, mi error, soy prudente, pero sigo fuerte en mis convicciones.

Lo cierto es que nunca se puede contentar a todos y esto aplica para todos los aspectos de la vida, no lo intenten. La primera vez que me dieron ese consejo yo tenía 20 años y quedó grabado en mí, pero muchas veces le presté poca atención y sufrí más de la cuenta. Esperé con conciencia la crítica, la desaprobación de muchos, luché con responsabilidad por lo que pensaba, sin miedo a mañana pensar diferente. Nosotras también merecemos equivocarnos sin sentir que la vida se nos acaba para siempre. Con esta premisa escribí muchas canciones que podrían haber sido polémicas, mal recibidas o entendidas, y que luego resultaron tener un espacio esperando por ellas.

En el proceso de composición de mi álbum *Una niña inútil*, cada canción me planteó diferentes dilemas morales. Yo quería ponerles música a sentimientos reales, honestos, aunque no fueran buenos sentimientos, aunque hablaran de celos, de enojo con otra mujer por faltar a la sororidad, quería escribir de rabia impulsiva, de venganza. Quería permitirme la catarsis de un engaño alevoso que había sufrido en aquel momento. Entonces, lo trabajé en terapia, lo hablé con mis amigas y aunque tenía muy claro que el peso de la moral es mucho más violento cuando se trata de nosotras, nunca dejé de preguntarme si allí afuera existían hombres que temieran tanto antes de decir alguna estupidez. Creo que ellos lo dicen y ya.

Todavía me pregunto si tal o cual canción que aún no ha visto la luz no es suficientemente confusa como para que alguno o alguna quiera usarlo en mi contra, y cuando estoy pensándolo de más, recuerdo que siempre habrá alguien que no entienda lo que estoy tratando de decir, o quien no esté de acuerdo con lo que hablo, hago o pienso. Entonces solo voy y lo hago en paz.

Me la van a tener que mamar
ft. Elena Rose

Este capítulo no podía estar completo solo con mi voz, porque yo solo puedo hablar de las composiciones y experiencias que tienen que ver únicamente con mi música. Entonces convoqué a una mujer que admiro enormemente, Elena Rose. Elena es cantante, productora y compositora. Mejor dicho, es "la" compositora. Ella es la cara detrás de muchos éxitos de la música latina y quiero presumir diciendo que esta gran artista es también una gran amiga. Nos llamamos usualmente para hablar de todo como cualquier par de amigas, y en una de esas conversaciones le dije que quería leerle un capítulo del libro que estaba escribiendo. Mientras yo leía, la expresión en su rostro era reflexiva, como si estuviera pasando su vida ante sus ojos, recorriendo muchos recuerdos y al finalizar mi lectura se quedó en silencio y un llanto de tristeza la atrapó.

Pasamos unos segundos en silencio y dijo: "Marica, tú no sabes lo que acabas de hacer". Era tanto lo que ella tenía para decir, como una montaña de objetos que querían salir por una pequeña puerta todas al mismo tiempo atoradas. "Sabes que si yo pudiera estar con cada mujer compositora en un estudio lo haría", fue lo primero que me pudo decir. Se estaba refiriendo a poder acompañar a las jóvenes a quienes tanta hostilidad las vence, o las que sueñan con este espacio y ni siquiera saben por dónde empezar. "Porque al fin y al cabo esto es para las mujeres que quieren estar en un estudio lleno de hombres", me dijo hablando del libro.

Elena, además de ser una gran profesional, es una mujer que cree en el bien de verdad, y lo ejecuta y anda por ahí repartiendo palabras de amor, de compasión y de aliento sin importar quién seas. Esto me lleva a preguntarme cómo es que las mujeres que más son puestas en duda, las que tienen grandes sueños y que por perseguirlos sufren, que son violentadas psicológicamente en la búsqueda de su futuro, son siempre las mejores personas que conozco. Llenas de valores éticos y empatía. La nobleza de una mujer es muy difícil de quebrantar, esto seguramente sea una cuestión social, un tema que merece un análisis para otro libro.

Entre todas las historias en las que pensó compartirme, eligió la de un vicepresidente de una gran discográfica multinacional que, cuando vio su talento, la quiso firmar como artista, que es algo que, a su mirada, también le pasa mucho: el hecho de no poder entender que una mujer no quiera la atención pública, ni el mundo espectacular de las cámaras, sino una vida dentro de un estudio.

Ella no estaba preparada para firmar un contrato en ese momento, entonces lo rechazó. A esta persona le molestó tanto la elección que tomó, que le dijo que su música no ingresaría nunca más a esa discográfica, y que nunca más un artista de ellos grabaría una canción compuesta por ella. De allí en más, su objetivo fue llegar al artista directamente y saltarse a la disquera: "Para que sepas, Julieta, la disquera, lo último que hace es leer los créditos de composición de lo que va a sacar". Luego de mucho esfuerzo y un objetivo claro, ella logró esas relaciones. Y tal como dice: "¿Cómo le dices a Jennifer Lopez que un sencillo no va a salir? Se la tuvo que mamar".

Ella me explicó que, aunque suene tradicional lo que va a decir, el trabajo de una mujer siempre es maximizar. "Tú le das una casa y una mujer te dará un hogar. Tú le das semen a una mujer y te dará un bebé". Esta idea, sobre cómo opera el poder enorme de la mujer, a menudo la sociedad la utiliza en su contra. Quizás al igual que en el ejemplo de Vico C, cuando menciona que por tener la responsabilidad de hacer el hogar, hay libertades a las que no podemos acceder. Elena resignifica esa idea, diciendo que este poder, ya sea innato o adquirido, la nutre y la fortalece. Otra cosa que ella muchas veces expresa es la actitud dual de la mujer de poseer lo feroz y dulce al mismo tiempo, y lo valioso que es tener desarrolladas ambas partes para usar todas nuestras herramientas en los largos procesos de estos caminos. En la conversación, me dijo que la canción es lo último que nace, que lo más delicado es el proceso y que es ese el mar en el que hay que aprender a nadar, sirviéndonos quizás de todos estos atributos.

Siguió recorriendo recuerdos y dijo: "Yo estoy dando ideas y me están mirando el culo, se están desconcentrando, me doy cuenta. Fue entonces que empecé a vestirme con ropa supergrande. Todo era muy injusto, pero yo me tengo que demostrar por qué la gente me quiere en este cuarto". Aquí ella se encuentra con este fantasma con el que todas las mujeres que queremos ocupar ciertos espacios laborales tenemos que enfrentar, el problema de tener un cuerpo de mujer cuando estás intentando que alguien te escuche. Lo peor es que el análisis que empezamos a hacer es a cuenta propia: "¿Está muy apretado este pantalón que me puse?", "se me transparenta un poco esto", "debí ponerme otra cosa". Lo que nos sucede siempre es la sexualización por encima de nuestro intelecto. A modo de ejemplo, una vez le dije a un amigo sobre una colega "qué genial que es", mirando su destreza en el escenario, a lo que él me respondió "no sé, pero está rebuena".

Ser una mujer sensual cancela, al parecer, todo tipo de apreciación artística, intelectual o de cualquier índole. Porque muy diferente hubiese sido: "Sí, es una genia ¡y encima está rebuena!". Elena, por su parte, me cuenta: "Empecé a ver mi cuerpo como un problema, pero marica, yo me juré... va a llegar el día que voy a estar desnuda en el estudio y me la van a tener que mamar". Y no, no se refería a que desnuda le practicaran sexo oral, se refería a que un día su talento y sus capacidades estarían por encima de la mujer sexualizada, y así fue. Hoy no hay persona en esta industria que no quiera una canción de Elena, que no la respete. Pero, obviamente, ese fue un camino muy duro y doloroso.

"Fui muy ruda conmigo misma y sé que eso no es lo justo. Pero lo hice porque sabía lo que iba a venir. Allí dentro no había espacio para decir que esto no es justo, o que no me lo merezco. Un día mis canciones van a hablar por mí. La gente no va a buscar a Elena, van a buscar una canción y van a encontrar a Elena y me la van a tener que mamar".

"Yo le llamo a esto 'mis años de silencio'", dice Elena y yo me imagino exactamente así el nombre de su propio libro. Este es un período en el que ella se entregó por completo al aprendizaje, aunque haya venido acompañado de hostilidades increíbles. "Si tú quieres estar en este cuarto, no quiero ni sentir que estás aquí", le dijeron, y ella aceptó, enfocada en absorber y llevarse en silencio todo lo que allí sucediera. "Y si quieres, quédate con todo, pero yo voy a llevarme conmigo todo lo que aquí yo aprenda". Y obviamente... "me la van a tener que mamar".

También agrega: "Yo estaba pensando en qué injusto, qué ladilla, tengo tanto para dar, pero cállate y escucha y llévate todo. Y esos años de silencio no los cambio por nada en mi vida". Después, claro, riendo y con recuerdos tergiversados, vinieron todos aquellos que en su momento le dieron látigo a decirle: "En qué momento te me pasaste y te convertiste en eso". El comportamiento cínico y olvidadizo que tuvieron sus victimarios es algo que jamás olvidará. Peor aún es el típico "siempre supe que lo lograrías", o la atribución de su éxito a la suerte, a la magia, o, si te conocen, a algún "polvo". Todo eso tendrá peso en tu éxito. O simplemente ven que te va tan bien que te la tienen que mamar.

No quiero ponerme meritocrática, pero no es lo mismo hablar con una mujer que se quedó en un lugar y aceptó lo que le daban que hacerlo con una que se aventuró a cumplir todos sus sueños, o por lo menos lo intentó. A pesar de que todo indicaba que el viento venía en contra, se enfrentó a las desventuras de la vida y del mundo siendo una mujer, o siquiera una niña sola por el mundo. Cuando hablas con Elena, es como hablar con la Villana: es hablar con mujeres con la cabeza muy bien equipada, con el corazón lleno de heridas, pero prendido de pasión, con la valentía que varios no tendrían porque no la necesitan. Mujeres que, pese a la frustración, al dolor de la desigualdad, tienen calle, tienen vida, tienen mil historias que las convierten en las heroínas de este libro.

MI SÚPERPODER

En el proceso de emancipación, de autonomía de la mujer, al que algunas llamamos empoderamiento, encontramos una fuente que propulsa nuestro poder. Esa fuente parece ser siempre el dolor, un dolor indescriptible. Una historia repleta de mujeres violentadas en todas sus formas. En la mente y en el cuerpo, en el orgullo y en la dignidad, en la casa y en el trabajo. De formas pasivas, de formas crueles. Lo hacen quienes dicen amarnos, quienes dicen odiarnos, también aquellos a quienes no les interesamos.

Nosotras alcanzamos nuestro *prime*, nuestro mayor éxito, nuestro valor propio y brillo máximo después de volver de la muerte, de las derrotas, de las peores heridas que la vida nos provoca por ser mujeres. En cambio, en los hombres, el éxito se construye como debería ser, con esfuerzo, sudor y trabajo. El nuestro porque se nos negaron todas esas posibilidades de ser y nos convirtieron en mártires. Las superpoderosas, como en la que yo me convertí, en esa a la que no se lo pudieron negar, aunque me haya costado mil daños, cansancio y mucho dolor. Me enfurecí muchas veces, me definía esa bronca, ese odio, el resentimiento de haber enfrentado de pie tanta desigualdad. Yo fui esas muchas ganas de gritar, de romper todo y, cómo no, fui ese cúmulo de injusticias que se convierten en odio para luego transformarse en poder, en respeto.

Quizás la posibilidad de no estar impulsada por el dolor ya no sea para mí, sino para las que vienen. Las que me leen, las que me escuchan, no permitan que la fuente de su poder siga siendo exclusivamente el daño que el hombre, que el patriarcado, les inflige.

Si me acusan de agresiva, lo fui cuando hizo falta; si me acusan de saltar de combativa a romántica, también lo soy porque puedo ser todo eso y más. Jamás podrán reducir mi arte a la inspiración que me han dado los romances de mi vida, porque he escrito enamorada, enojada, aburrida y contenta. Escribí para los traidores en el amor, para los cobardes en el trabajo, para las amigas que sufrieron, para perrear hasta el piso y para llorar hasta el cansancio. Este me dio algo, aquel un poco más, todos dejaron una huella en mi vida, pero mi camino no está marcado por los hombres. Yo me sirvo de lo vivido, hago arte que se vende y por ende hago dinero con lo que me dieron, lo que me quitaron y lo que rompieron.

Si alguien quisiera ponerme el sombrero de la resentida, de la mujer que no puede superar —"resentida", palabra que parece usarse como insulto para nosotras—, sería un acto de pura estupidez masculina, de alguien que no puede descifrarme. Cazzu escribe letras cuando siente y cuando no, con la experiencia que la pintó y sin ella. La creatividad es mi verdadero superpoder, no necesito nada más que mi mente.

A mí ya no me define el odio ni el rencor. La última persona que intentó hacerme sentir inferior, que intentó aleccionarme y recordarme que la igualdad con la que sueño no es más que eso, un sueño, no obtuvo de mí más que lástima. Cómo explicarle a una roca lo que una roca es. Julieta no siempre toma decisiones combativas, a veces elige la paciencia. Pero Cazzu luchará hasta el final.